职业教育课程改革创新教材
会计(会计电算化)专业规划教材

小企业会计实训

张 卿 编

机 械 工 业 出 版 社

本书是与《小企业会计实务》配套的实训教材，内容包括分项实训和综合模拟实训两部分。分项实训为根据经济业务的原始凭证填写记账凭证，改变了传统根据文字描述的经济业务编写会计分录的做作业模式，实现了在实践中学，做到了学校学习与企业实际会计工作零距离对接。实训内容包括：资金筹集业务、对外投资业务、物资采购业务、固定资产业务、无形资产业务、成本核算业务、销售业务、财产清查业务、期间费用业务、利润及其分配业务、财务报表编制，共11项实训。综合实训为模拟一个企业一个月的会计业务，实训内容包括根据经济业务的原始凭证填制记账凭证、纳税申报、登记账簿、结账对账、试算平衡、编制财务报表等全部工作。分项实训在平时教学中进行，综合实训在做完分项实训后进行，通过这些实训，就可以应对小企业的会计工作。

本书既可以与《小企业会计实务》教材配套使用，又可以单独用作为中职会计类专业实训教材，还可以作为会计从业人员的业务实习用书。

本书配有实训答案、电子课件等网络资源包、授课教师可登录机械工业出版社教育服务网(www.cmpedu.com)免费注册下载。

图书在版编目(CIP)数据

小企业会计实训/张卿编. —北京：机械工业出版社，2014.1(2019.2重印)

职业教育课程改革创新教材. 会计(会计电算化)专业规划教材

ISBN 978-7-111-45090-0

Ⅰ.①小… Ⅱ.①张… Ⅲ.①中小企业—会计实务—中等专业学校—教材 Ⅳ.①F276.3

中国版本图书馆CIP数据核字(2013)第296301号

机械工业出版社(北京市百万庄大街22号 邮政编码100037)

策划编辑：宋 华 责任编辑：宋 华 版式设计：霍永明

责任校对：王 欣 封面设计：路恩中 责任印制：张 博

北京铭成印刷有限公司印刷

2019年2月第1版第2次印刷

184mm×260mm・14印张・371千字

3001—4000册

标准书号：ISBN 978-7-111-45090-0

定价：29.00元

凡购本书，如有缺页、倒页、脱页，由本社发行部调换

电话服务	网络服务
社服务中心：(010)88361066	教 材 网：http://www.cmpedu.com
销 售 一 部：(010)68326294	机工官网：http://www.cmpbook.com
销 售 二 部：(010)88379649	机工官博：http://weibo.com/cmp1952
读者购书热线：(010)88379203	**封面无防伪标均为盗版**

前　　言

为了完全实现企业会计课程理论实践一体化教学，在《小企业会计实务》教材的基础上，我们又编写了这本《小企业会计实训》教材，将传统的练习题改革为仿真实训。传统的练习题是用文字叙述经济业务，学生根据叙述的文字编写会计分录。然而实际工作是面对原始凭证，根本没有文字叙述。因此，这样做练习题，学生见不到原始凭证，不会根据原始凭证判断经济业务的内容，在面对实际工作时仍然不会作账务处理。会计的根本技能，就是能根据原始凭证作出账务处理，填写记账凭证。所以，练习经济业务的账务处理，必须要练习读懂原始凭证，根据原始凭证判断出经济业务的具体内容，从而实现学以致用。

本书是与《小企业会计实务》配套的实训教材，内容包括分项实训和综合模拟实训两部分。分项实训为根据经济业务的原始凭证填写记账凭证，改变了传统的根据文字描述的经济业务编写会计分录的做作业模式，实现了在实践中学，做到了学校学习与企业实际会计工作零距离对接。综合模拟实训为模拟一个企业一个月的会计业务，实训内容包括根据经济业务的原始凭证填制记账凭证、纳税申报、登记账簿、结转对账、试算平衡、编制财务报表等全部工作。分项实训在平时教学中进行，综合模拟实训在做完分项实训后进行，通过这些实训，就可以应对小企业的会计工作。

本书既可以与《小企业会计实务》教材配套使用，也可以单独使用。本书最后部分的“综合模拟实训”为教学配套资源之一，可沿线撕页单独剪裁贴于真实记账凭证后使用。

本书由中国职业院校教学名师、中国会计学会高级会员、全国机械职业教育管理类专业教学指导委员会委员、陕西省机电工程学校张卿编写。

本书致力于中职会计课程教学改革，若有不妥之处，希望同行提出宝贵意见，以便不断完善。

编　者

目　　录

实训一
资金筹集业务

根据宏达实业有限责任公司下列经济业务的原始凭证，填制记账凭证：

(1)

收 款 收 据

第二联：记账联　　2013 年 8 月 21 日　　编号：1

交款人（单位）	刘志							
摘　　要	股份出资							
金额（大写）	伍万元整	万	千	百	十	元	角	分
		5	0	0	0	0	0	0

主管　　会计　　出纳 张敏　　制票 李明

中国工商银行现金存款凭条

2013 年 8 月 21 日

存款人	全　称	宏达实业有限责任公司		
	帐　号	101014788680920011	款项来源	股款
	开户行	工行长安路支行	交款人	刘志

金额（大写）伍万元整	千	百	十	万	千	百	十	元	角	分
			¥	5	0	0	0	0	0	0

票面	张数	十	万	千	百	十	元	票面	张数	千	百	十	元	角	分	备注
壹佰元	500							伍角								中国工商银行 长安路支行 转讫
伍拾元								贰角								
贰拾元								壹角								
拾元								伍分								
伍元								贰分								
贰元								壹分								
壹元								其他								

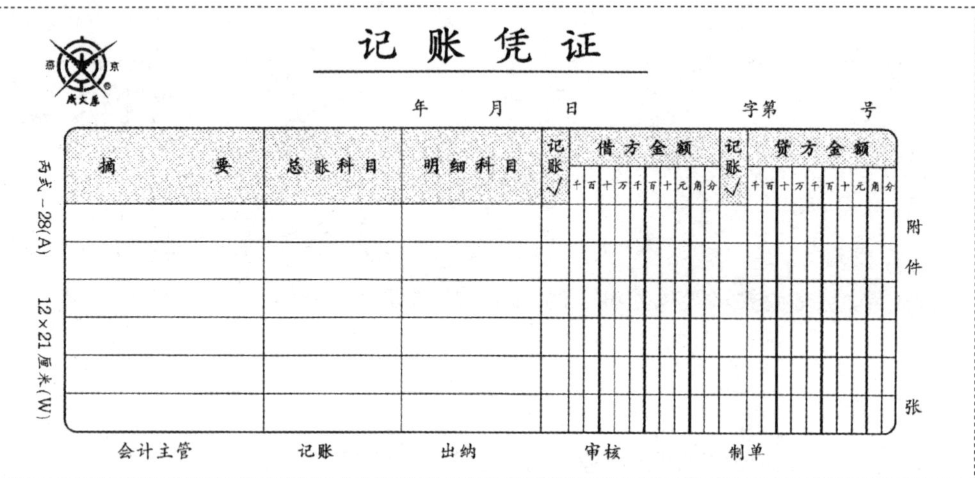

记 账 凭 证

燕京 成文厚

年 月 日　　　　字第 号

摘要	总账科目	明细科目	记账√	借方金额										记账√	贷方金额									
				千	百	十	万	千	百	十	元	角	分		千	百	十	万	千	百	十	元	角	分

丙式－28(A)　12×21厘米(W)

附件 张

会计主管　　记账　　出纳　　审核　　制单

(2)

股份转让协议

经股东会通过，同意郑超将其在宏达实业有限责任公司的股份贰万元（20000 元）转让给股东吴江，自 2013 年 10 月 1 日起生效。

公司法人代表：王华　　　　转让人：郑超

受让人：吴江

2013 年 10 月 1 日

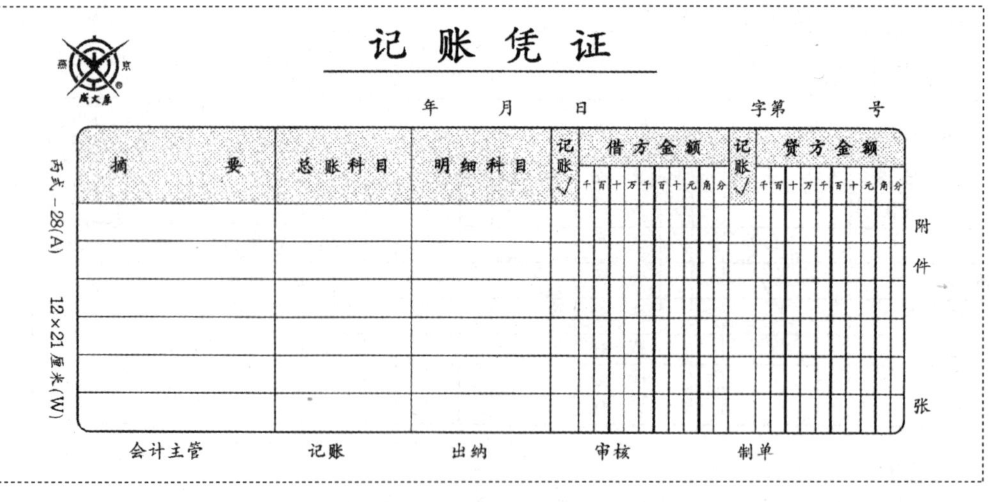

记 账 凭 证

燕京 成文厚

年 月 日　　　　字第 号

摘要	总账科目	明细科目	记账√	借方金额										记账√	贷方金额									
				千	百	十	万	千	百	十	元	角	分		千	百	十	万	千	百	十	元	角	分

丙式－28(A)　12×21厘米(W)

附件 张

会计主管　　记账　　出纳　　审核　　制单

(3)

中国工商银行 **借款凭证**（回单）

2013年3 月 1日

借款人	全称	宏达实业有限责任公司	收款人	全称	宏达实业有限责任公司
	账号	1010147886809212578		账号	1010147886809364799
	开户银行	工行长安路支行		开户银行	工行长安路支行

金额	人民币（大写） 壹拾万元整	亿	千	百	十	万	千	百	十	元	角	分
				¥	1	0	0	0	0	0	0	0

借款用途	生产周转	上述借款已转入你单位账户，借款到期时应按期归还 此致 银行签章
借款利息	6%	
借款期限	2013年8月31日	
复核	记账	

中国工商银行 长安路支行 转讫

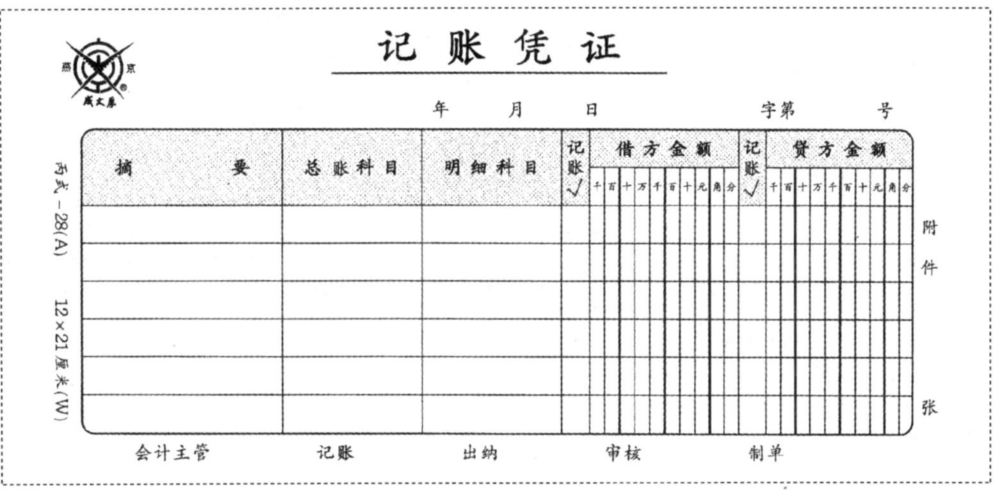

记账凭证

年 月 日 字第 号

摘要	总账科目	明细科目	记账√	借方金额	记账√	贷方金额

附件 张

会计主管 记账 出纳 审核 制单

(4)

中国工商银行贷款利息通知单

户名：宏达实业有限责任公司

计息期	积数	利息额
2013年3月1日—2013年3月31日	3000000.00	500.00
人民币（大写） 伍佰元整		

上列贷款利息已如数从你单位账户转出

中国工商银行 长安路支行 转讫

2013年3月31日

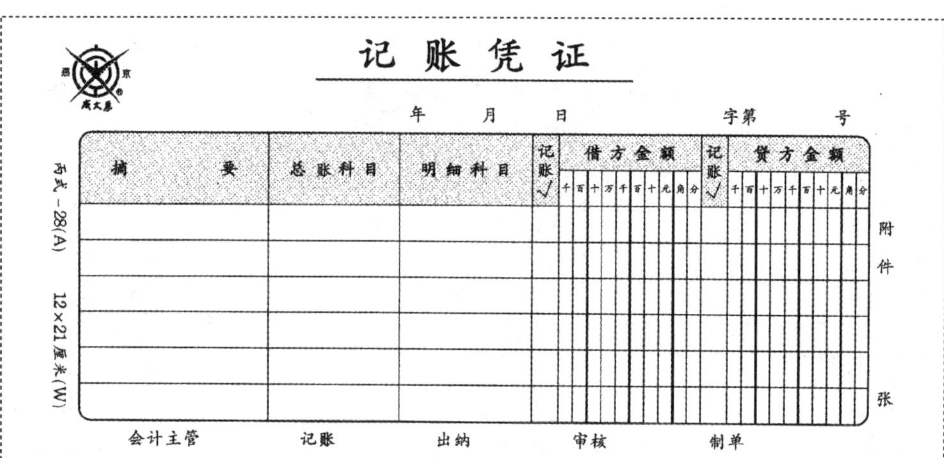

记 账 凭 证

年　月　日　　字第　号

摘　要	总账科目	明细科目	记账√	借方金额 千百十万千百十元角分	记账√	贷方金额 千百十万千百十元角分

丙式－28(A)　12×21厘米(W)　附件　张

会计主管　记账　出纳　审核　制单

(5)

中国工商银行 借款凭证（回单）

2013年 7 月 1日

借款人	全称	宏达实业有限责任公司	收款人	全称	宏达实业有限责任公司
	账号	1010147886809212578		账号	101014788680936479
	开户银行	工行长安路支行		开户银行	工行长安路支行

金额	人民币（大写） 伍拾万元整	亿	千	百	十	万	千	百	十	元	角	分
				¥	5	0	0	0	0	0	0	0

借款用途	基本建设	上述借款已转入你单位账户，借款到期时应按期归还 此致 银行签章
借款利息	6%	
借款期限	2015年6月30日	
复核	记账	

（印章：中国工商银行 长安路支行 转讫）

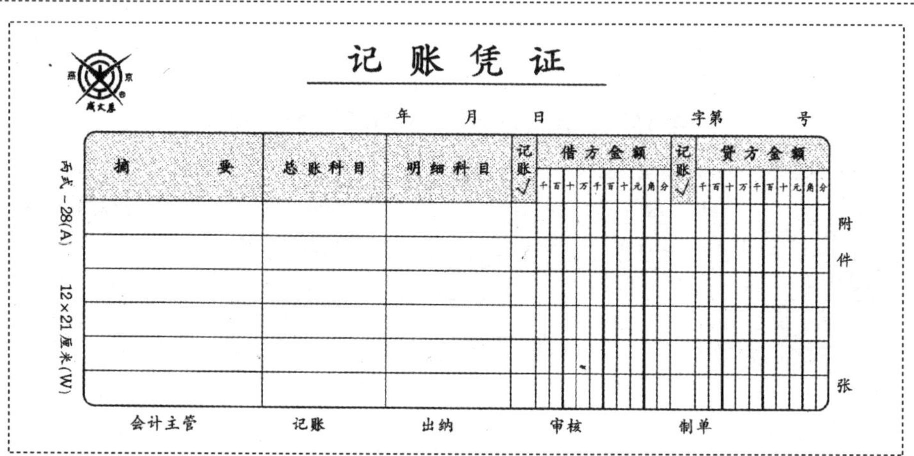

记 账 凭 证

年　月　日　　字第　号

摘　要	总账科目	明细科目	记账√	借方金额 千百十万千百十元角分	记账√	贷方金额 千百十万千百十元角分

丙式－28(A)　12×21厘米(W)　附件　张

会计主管　记账　出纳　审核　制单

（6）厂房基建工程 2013 年 7 月开工，工期一年，2014 年 7 月完工。

基建借款利息计提计算单

工商银行借款额：500000 元

年利率：6%

2013 年 7 月份应付利息：500000×6%÷12=2500 元

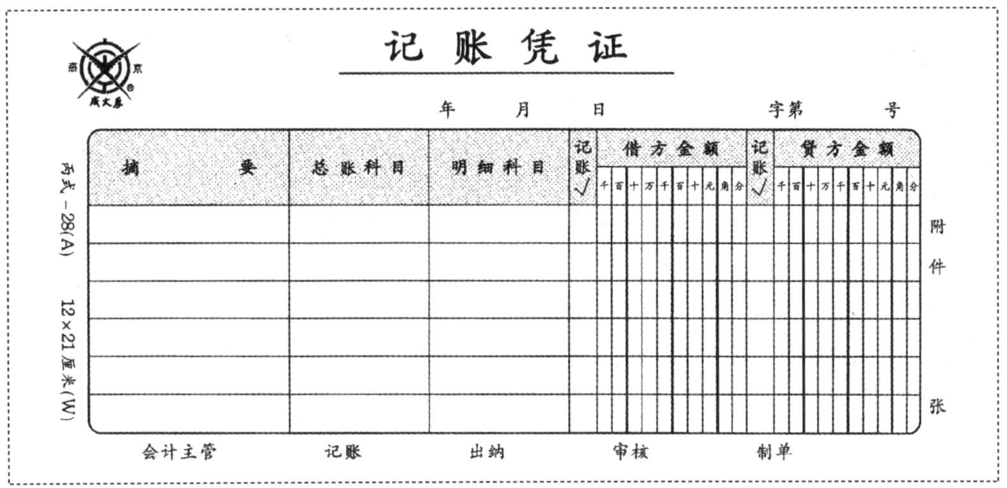

记　账　凭　证

年　月　日　　字第　号

摘　要	总账科目	明细科目	记账√	借方金额（千 百 十 万 千 百 十 元 角 分）	记账√	贷方金额（千 百 十 万 千 百 十 元 角 分）

附件　张

会计主管　记账　出纳　审核　制单

丙式－28(A)　12×21 厘米(W)

（7）

中国工商银行贷款利息通知单

户名：宏达实业有限责任公司

计　息　期		积　数	利息额
2013 年 7 月 1 日—2013 年 9 月 30 日		45000000.00	7500.00
人民币（大写）	柒仟伍佰元整		

上列贷款利息已如数从你单位账户转出

中国工商银行 长安路支行 转讫

2013 年 9 月 30 日

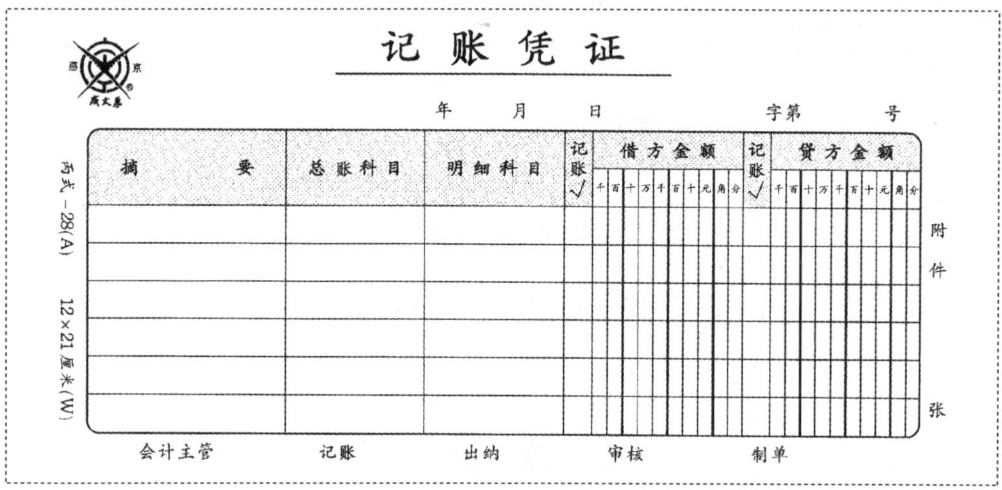

记 账 凭 证

年 月 日 字第 号

摘要	总账科目	明细科目	记账√	借方金额 千	百	十	万	千	百	十	元	角	分	记账√	贷方金额 千	百	十	万	千	百	十	元	角	分

丙式－28(A) 12×21厘米(W)

附件 张

会计主管 记账 出纳 审核 制单

（8）

基建借款利息计提计算单

工商银行借款额：500000 元

年利率：6%

2014 年 10 月份应付利息：500000×6%÷12=2500 元

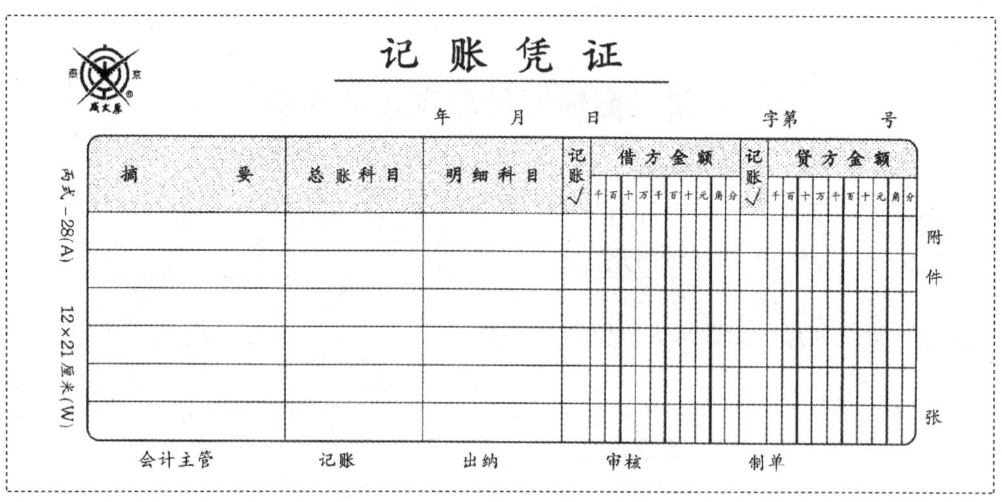

记 账 凭 证

年 月 日 字第 号

摘要	总账科目	明细科目	记账√	借方金额 千	百	十	万	千	百	十	元	角	分	记账√	贷方金额 千	百	十	万	千	百	十	元	角	分

丙式－28(A) 12×21厘米(W)

附件 张

会计主管 记账 出纳 审核 制单

（9）

中国工商银行贷款利息通知单

户名：宏达实业有限责任公司

计　息　期		积　数	利息额
2014 年 10 月 1 日—2014 年 12 月 31 日		45000000.00	7500.00
人民币（大写）	柒仟伍佰元整		

上列贷款利息已如数从你单位账户转出

中国工商银行　长安路支行　转讫

2014 年 12 月 31 日

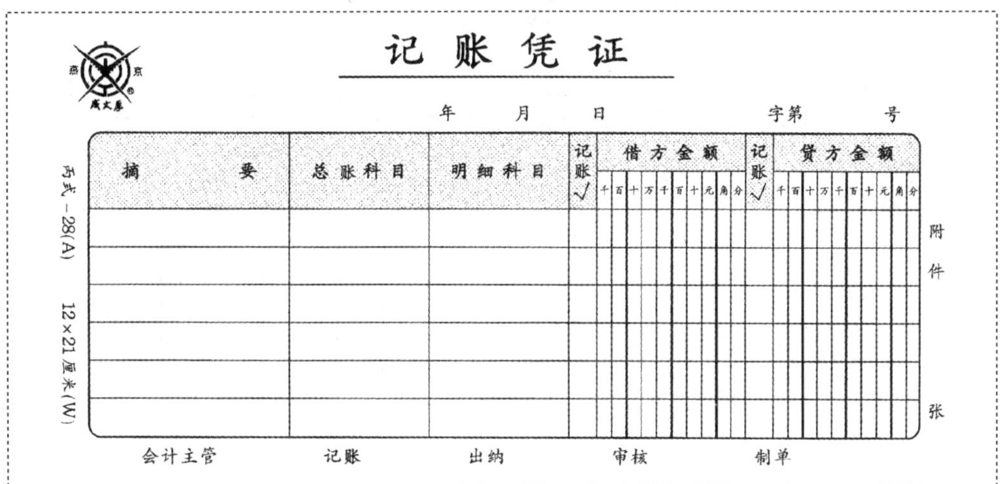

记　账　凭　证

年　　月　　日　　　　字第　　号

摘　要	总账科目	明细科目	记账√	借方金额（千百十万千百十元角分）	记账√	贷方金额（千百十万千百十元角分）

附件　　张

会计主管　　记账　　出纳　　审核　　制单

丙式－28(A)　12×21厘米(W)

（10）

中国工商银行

转账支票存根

X VI00001298

附加信息

由结算账户转入借款账户

出票日期　2015 年 6 月 30 日

收款人：	宏达实业有限责任公司
金　额：	500000.00
用　途：	还借款

单位主管　　　　会计

中国工商银行 进 账 单（收账通知）

2015 年 6 月 30 日

出票人	全称	宏达实业有限责任公司	收款人	全称	宏达实业有限责任公司
	账号	101014788680936479		账号	1010147886809212578
	开户银行	工行长安路支行		开户银行	工行长安路支行
金额	人民币（大写） 伍拾万元整			亿千百十万千百十元角分	¥50000000
票据种类	支票	票据张数	1	开户银行签章	中国工商银行长安路支行 转讫

记 账 凭 证

年 月 日 字第 号

摘要	总账科目	明细科目	记账√	借方金额（千百十万千百十元角分）	记账√	贷方金额（千百十万千百十元角分）

附件 张

会计主管 记账 出纳 审核 制单

丙式－28(A) 12×21厘米(W)

(11)

收 款 收 据

第二联：记账联 2013 年 10 月 21 日 编号：2

交款人（单位）	李东								
摘要	暂借款								
金额（大写）	伍仟元整	十	万	千	百	十	元	角	分
			¥	5	0	0	0	0	0

主管 会计 出纳 张敏 制票 李明

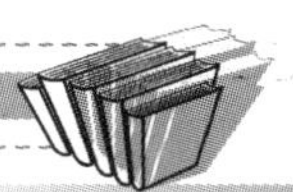

现金收入凭证

第一联 交会计

2012 年 10 月 21 日　　第 6 号

收到 借李东款	备注
计人民币（大写）伍仟元整	5000.00
交款人（签名）李东	

负责人　　会计 李明　　出纳 张敏

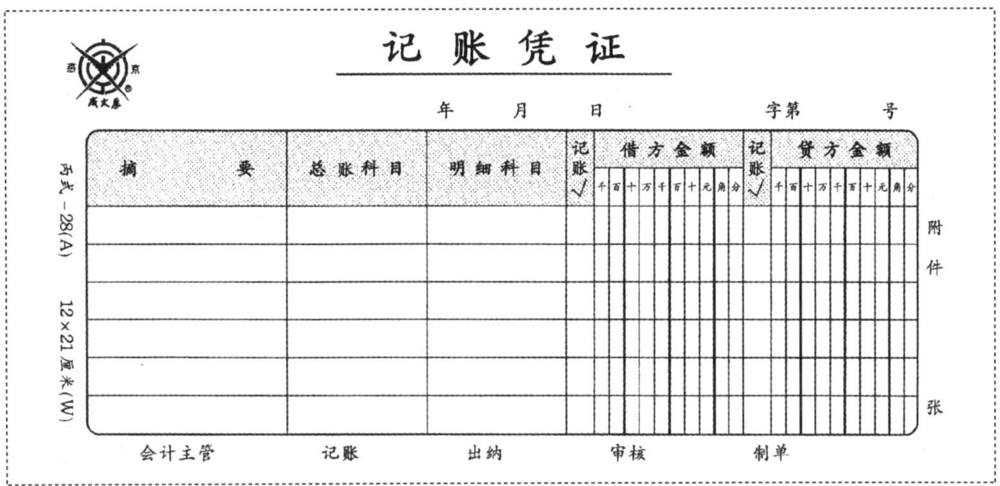

记账凭证

年 月 日　　字第 号

摘要	总账科目	明细科目	记账√	借方金额（千 百 十 万 千 百 十 元 角 分）	记账√	贷方金额（千 百 十 万 千 百 十 元 角 分）

丙式－28(A)　12×21厘米(W)　附件 张

会计主管　记账　出纳　审核　制单

（12）

现金付出凭证

第二联 交会计

2013 年 12 月 27 日　　第 5 号

付给 归还借李东款	备注
计人民币（大写）伍仟元整	5000.00 元
领款人（签名）李东	

负责人　　会计 张敏　　出纳 李明

燕京 成文厚

记账凭证

年　月　日　　　字第　号

丙式－28(A)　12×21厘米(W)

摘要	总账科目	明细科目	记账√	借方金额										记账√	贷方金额									
				千	百	十	万	千	百	十	元	角	分		千	百	十	万	千	百	十	元	角	分

附件　张

会计主管　　记账　　出纳　　审核　　制单

实训二

对外投资业务

根据东华有限责任公司下列经济业务的原始凭证，填制记账凭证：

（1）

中国工商银行

转账支票存根

X VI00001253

附加信息

出票日期　2013年5月5日

收款人：志诚股份有限公司
金　额：50000.00
用　途：购债券

单位主管　　会计

收款收据

第三联：报销联　　2013年　5月　9日　　编号：15

交款人（单位）	东华有限责任公司							
摘　要	购债券款							
金额（大写）	伍万元整	万	千	百	十	元	角	分
		5	0	0	0	0	0	0

主管　　会计　　出纳　陈丹　　制票　张天

志诚股份有限公司 财务专用章

记账凭证

年　月　日　　　　字第　号

丙式－28(A)　12×21厘米(W)

摘要	总账科目	明细科目	记账√	借方金额										记账√	贷方金额									
				千	百	十	万	千	百	十	元	角	分		千	百	十	万	千	百	十	元	角	分

附件　张

会计主管　记账　出纳　审核　制单

(2)

应收债券利息计算单

志诚债券总面值：50000 元

年利率：10%

2014 年应收利息：50000×10%=5000 元

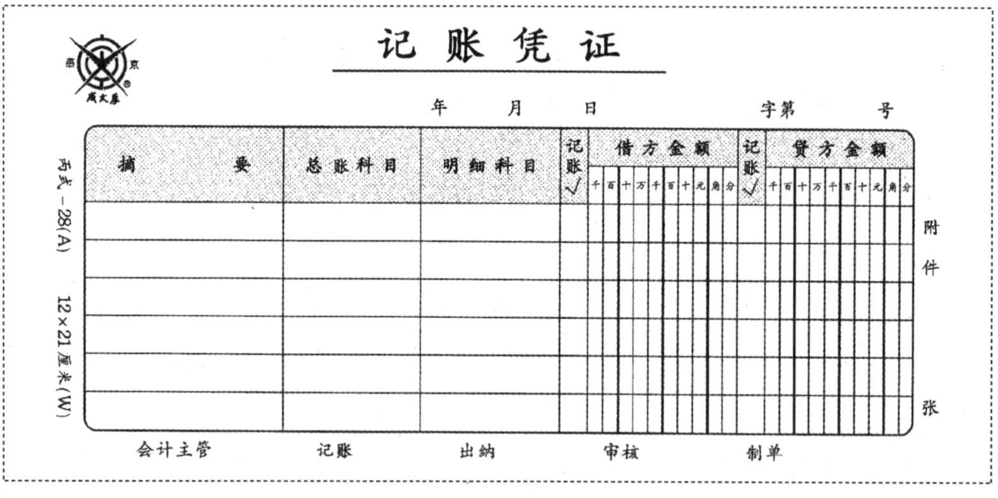

记账凭证

年　月　日　　　　字第　号

丙式－28(A)　12×21厘米(W)

摘要	总账科目	明细科目	记账√	借方金额										记账√	贷方金额									
				千	百	十	万	千	百	十	元	角	分		千	百	十	万	千	百	十	元	角	分

附件　张

会计主管　记账　出纳　审核　制单

(3)

中国工商银行 **进 账 单**（收账通知）

2014 年 6 月 1 日

出票人			收款人		
出票人	全称	志诚股份有限公司	收款人	全称	东华有限责任公司
出票人	账号	10106125461200000289	收款人	账号	101014788680920011
出票人	开户银行	工行渭阳路分理处	收款人	开户银行	工行长安路支行

金额	人民币（大写）	亿	千	百	十	万	千	百	十	元	角	分
	伍仟元整						¥	5	0	0	0	0	0

票据种类	支票	票据张数	1
票据号码			

债券利息

中国工商银行 长安路支行 转讫

开户银行签章

复核 记账

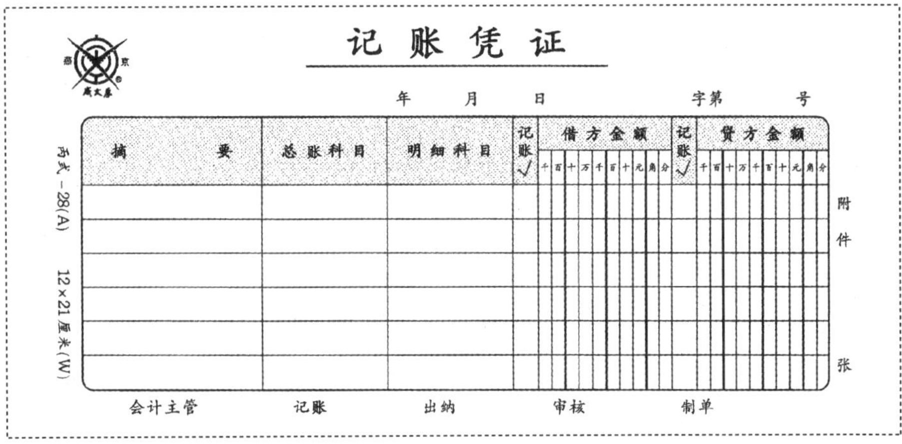

记 账 凭 证

年 月 日 字第 号

摘要	总账科目	明细科目	记账√	借方金额（千 百 十 万 千 百 十 元 角 分）	记账√	贷方金额（千 百 十 万 千 百 十 元 角 分）

附件 张

会计主管 记账 出纳 审核 制单

丙式－28(A) 12×21厘米(W)

(4)

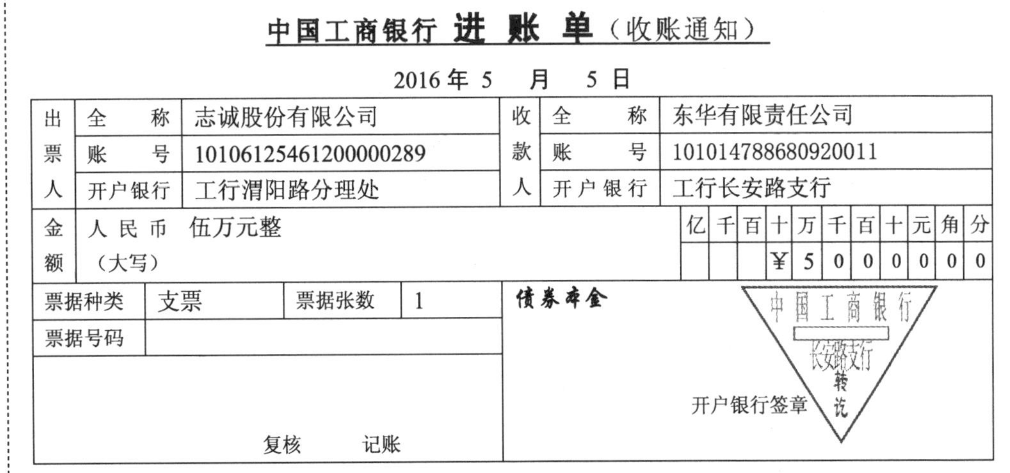

中国工商银行 **进 账 单**（收账通知）

2016 年 5 月 5 日

出票人			收款人		
出票人	全称	志诚股份有限公司	收款人	全称	东华有限责任公司
出票人	账号	10106125461200000289	收款人	账号	101014788680920011
出票人	开户银行	工行渭阳路分理处	收款人	开户银行	工行长安路支行

金额	人民币（大写）	亿	千	百	十	万	千	百	十	元	角	分
	伍万元整				¥	5	0	0	0	0	0	0

票据种类	支票	票据张数	1
票据号码			

债券本金

中国工商银行 长安路支行 转讫

开户银行签章

复核 记账

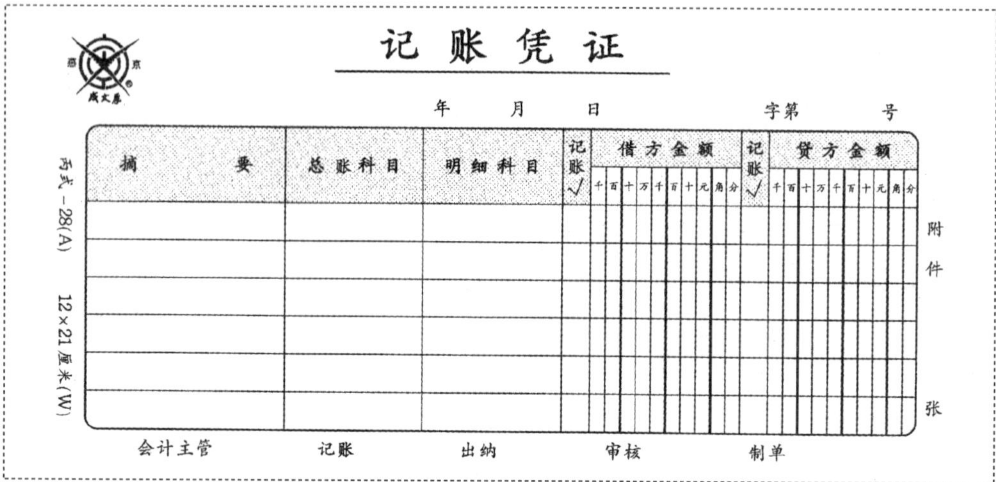

燕京 成文厚

记 账 凭 证

年 月 日 字第 号

丙式－28(A) 12×21厘米(W)

摘要	总账科目	明细科目	记账√	借方金额										记账√	贷方金额									
				千	百	十	万	千	百	十	元	角	分		千	百	十	万	千	百	十	元	角	分

附件 张

会计主管 记账 出纳 审核 制单

（5）若为到期一次还本付息债券。

应收债券利息计算单

志诚债券总面值：50000 元

年利率：10%

2014 年应收利息：50000×10%=5000 元

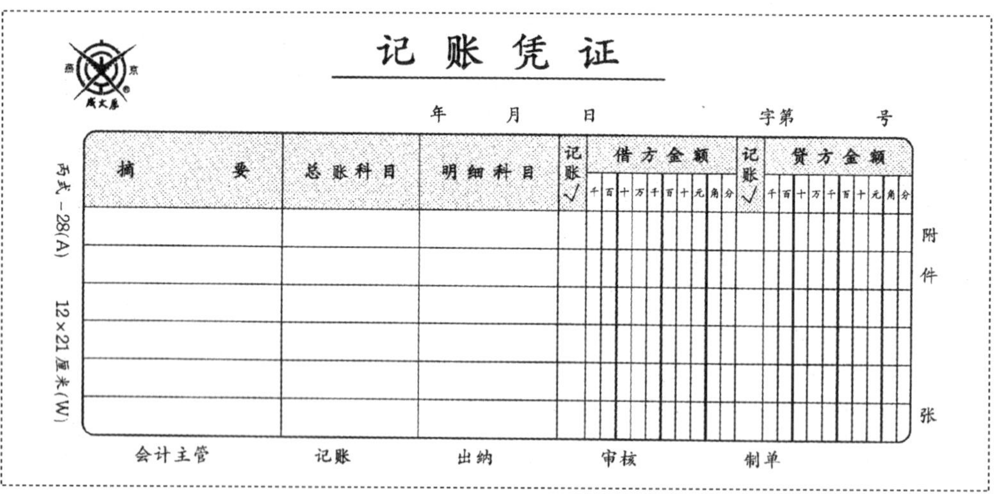

燕京 成文厚

记 账 凭 证

年 月 日 字第 号

丙式－28(A) 12×21厘米(W)

摘要	总账科目	明细科目	记账√	借方金额										记账√	贷方金额									
				千	百	十	万	千	百	十	元	角	分		千	百	十	万	千	百	十	元	角	分

附件 张

会计主管 记账 出纳 审核 制单

中国工商银行 进 账 单（收账通知）

2016 年 5 月 25 日

出票人	全　称	志诚股份有限公司	收款人	全　称	东华有限责任公司
	账　号	1010612546120000289		账　号	101014788680920011
	开户银行	工行渭阳路分理处		开户银行	工行长安路支行
金额	人民币（大写）	陆万伍仟元整		亿千百十万千百十元角分	¥6500000
票据种类	支票	票据张数	1		
票据号码					
	复核　记账			开户银行签章	

中国工商银行 长安路支行 转讫

债券本息结算单

面值总额　50000.00 元
年利息率　10%
期限　3 年
年利息　5000 元
利息总额　15000 元
本息合计　65000 元

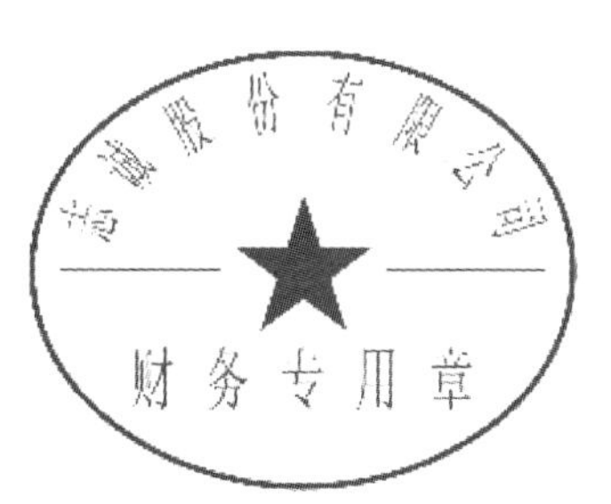

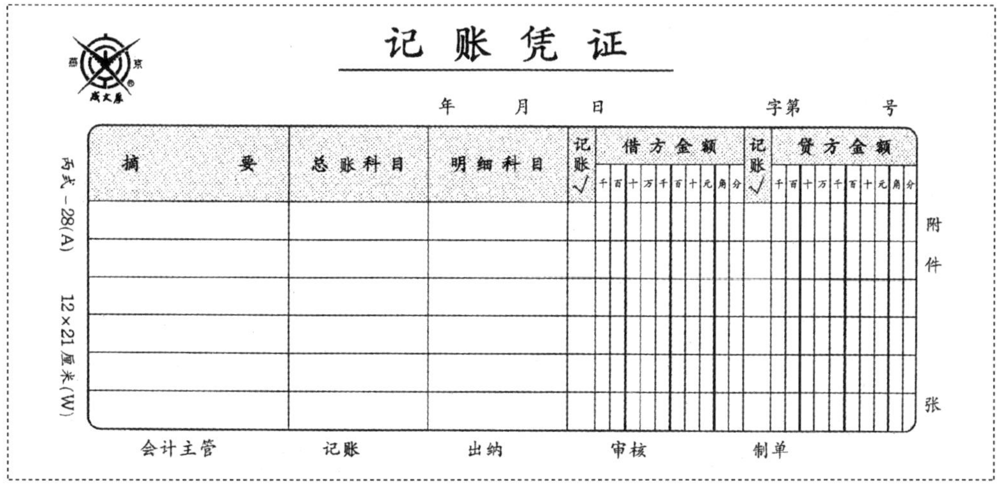

记 账 凭 证

年　月　日　字第　号

摘　要	总账科目	明细科目	记账√	借方金额（千百十万千百十元角分）	记账√	贷方金额（千百十万千百十元角分）

附件　张

丙式-28(A)　12×21厘米(W)

会计主管　记账　出纳　审核　制单

（6）

中国工商银行
转账支票存根
XⅥ00001253

附加信息

出票日期　2013年9月15日

收款人：华盛商贸有限公司
金　额：100000.00
用　途：投资入股

单位主管　　会计

收款收据

第三联：报销联　　2013年9月21日　　编号：18

交款人（单位）	东华有限责任公司								
摘　　要	股份出资								
金额（大写）	壹拾万元整	十	万	千	百	十	元	角	分
		1	0	0	0	0	0	0	0

主管　　会计　　出纳　赵发　　制票　李娟

（印章：华盛商贸有限公司 财务专用章）

记账凭证

丙式－28(A)　12×21厘米(W)

年　月　日　　字第　号

摘要	总账科目	明细科目	记账√	借方金额（千百十万千百十元角分）	记账√	贷方金额（千百十万千百十元角分）

附件　张

会计主管　记账　出纳　审核　制单

（7）

中国工商银行 进 账 单（收账通知）

2014 年 3 月 10 日

出票人	全称	华盛商贸有限公司	收款人	全称	东华有限责任公司
	账号	10106125461200000987		账号	101014788680920011
	开户银行	工行西兰路分理处		开户银行	工行长安路支行

金额	人民币（大写） 贰万元整	亿	千	百	十	万	千	百	十	元	角	分
					¥	2	0	0	0	0	0	0

票据种类	支票	票据张数	1	股利
票据号码				
复核 记账				中国工商银行 长安路支行 转讫 开户银行签章

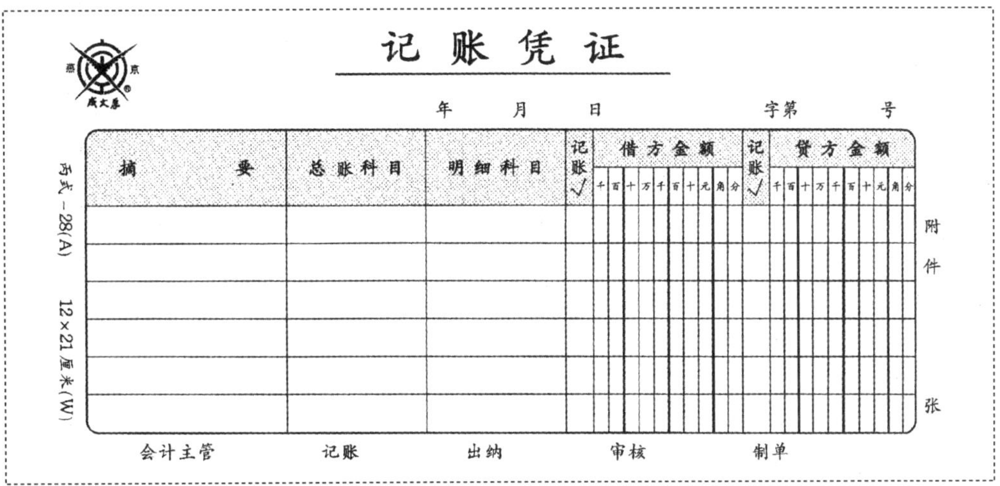

记 账 凭 证

年 月 日 字第 号

摘要	总账科目	明细科目	记账√	借方金额（千 百 十 万 千 百 十 元 角 分）	记账√	贷方金额（千 百 十 万 千 百 十 元 角 分）

附件 张

会计主管 记账 出纳 审核 制单

丙式－28(A) 12×21厘米(W)

（8）

中国工商银行 进 账 单（收账通知）

2014 年 12 月 13 日

出票人	全称	大唐电子有限责任公司	收款人	全称	东华有限责任公司
	账号	10106125461200000254		账号	101014788680920011
	开户银行	建行仪风路分理处		开户银行	工行长安路支行

金额	人民币（大写） 壹拾贰万元整	亿	千	百	十	万	千	百	十	元	角	分
				¥	1	2	0	0	0	0	0	0

票据种类	支票	票据张数	1	
票据号码				
复核 记账				中国工商银行 长安路支行 转讫 开户银行签章

股份转让协议

经股东会通过，同意东华有限责任公司将其在本公司的股份壹拾万元（100000 元）转让给股东大唐电子有限责任公司，转让价款壹拾贰万元。自 2015 年 1 月 1 日起生效。

华盛商贸有限公司法人代表：刘子才

转让人：东华有限责任公司

受让人：大唐电子有限责任公司

2014. 12. 10.

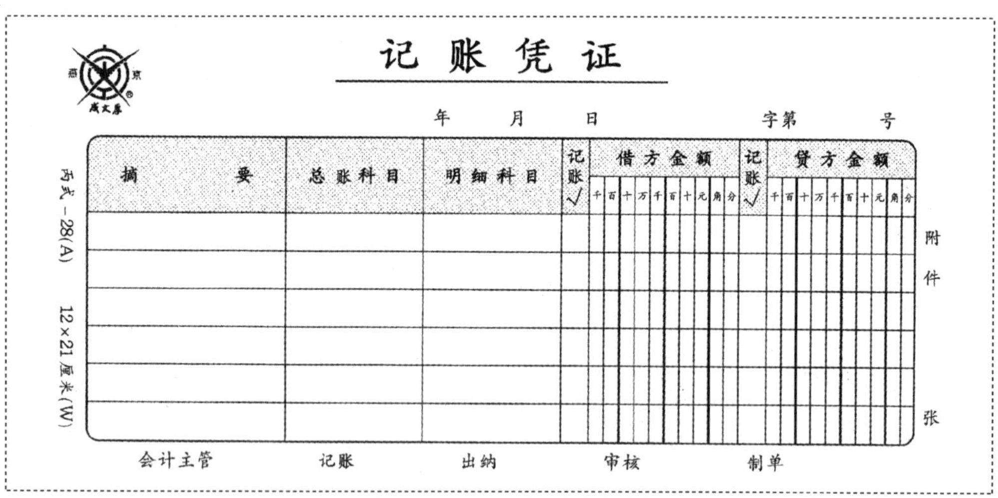

记 账 凭 证

成文厚

年　月　日　　　　字第　　号

丙式－28(A)　12×21厘米(W)

摘要	总账科目	明细科目	记账√	借方金额 千	百	十	万	千	百	十	元	角	分	记账√	贷方金额 千	百	十	万	千	百	十	元	角	分

附件　　张

会计主管　　记账　　出纳　　审核　　制单

实训三 物资采购业务

1. 兴茂电器有限责任公司为增值税一般纳税人，物资采购业务的原始凭证如下，填制各项业务的记账凭证。

(1)

6100051387　　**陕西增值税专用发票**　　No 02383812

发票联　　　　开票日期：2013 年 7 月 5 日

购货单位	名称：兴茂电器有限责任公司 纳税人识别号：15002462647534X 地址、电话：西安市长安南路 029-88430586 开户行及账号：工行长安路支行 101014788680920011				密码区	（略）	
货物或应税劳务名称	规格型号	单位	数量	单价	金额	税率	税额
电容器		件	600	50.00	30000.00	17%	5100.00
合计					¥30000.00		¥5100.00
价税合计（大写）	叁万伍仟壹佰元整					（小写）¥35100.00	
销货单位	名称：黄河电子有限责任公司 纳税人识别号：610188146622317 地址、电话：咸阳市高新区 029-36891245 开户行及账号：建行高新区支行 21371859091002				备注	黄河电子有限责任公司 发票专用章	

收款人：　　复核：　　开票人：吴静　　开票单位：（章）

实物入库凭证

交物单位：黄河电子有限责任公司　2013年 7月6日　字第1号

品名	数量	单位	单价	金额									备考
				百	十	万	千	百	十	元	角	分	
电容器	600	件	50		¥	3	0	0	0	0	0	0	
合计	叁万元整					30000.00							

负责人：　会计：　保管：王亮　交物人：李强

中国工商银行
转账支票存根
X VI00001253

附加信息

出票日期 2013 年 7月 7 日

收款人：黄河电子有限责任公司
金　额：35100.00
用　途：货款

单位主管　会计

记账凭证

丙式－28(A)　12×21厘米(W)

年　月　日　字第　号

摘要	总账科目	明细科目	记账√	借方金额									记账√	贷方金额								
				千	百	十	万	千	百	十	元	角	分	千	百	十	万	千	百	十	元	角	分

附件　张

会计主管　记账　出纳　审核　制单

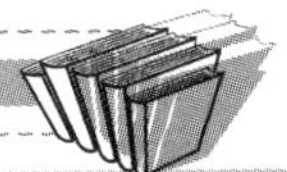

（2）

6100069520　　**陕西增值税专用发票**　　No 02383815

发票联　　开票日期：2013 年 7 月 15 日

购货单位	名　　称：兴茂电器有限责任公司 纳税人识别号：15002462647534X 地 址、电 话：西安市长安南路　029-88430586 开户行及账号：工行长安路支行　1010147886809200011	密码区	（略）

货物或应税劳务名称	规格型号	单位	数量	单价	金额	税率	税额
继电器		件	1000	10.00	10000.00	17%	1700.00
合　　计					¥10000.00		¥1700.00
价税合计（大写）	壹万壹仟柒佰元整				（小写）¥11700.00		

销货单位	名　　称：三江工业有限责任公司 纳税人识别号：610188146622317 地 址、电 话：咸阳市高新区 029-36891245 开户行及账号：农行高新区支行　21371859091002	备注	三江工业有限责任公司 发票专用章

收款人：　　复核：　　开票人：周会　　开票单位：（章）

实 物 入 库 凭 证

交物单位：三江工业有限责任公司　2013 年 7 月 16 日　　字第 2 号

品名	数量	单位	单价	金额 百	十	万	千	百	十	元	角	分	备考
继电器	1000	件	10		¥	1	0	0	0	0	0	0	
合计	壹万元整							10000.00					

负责人：　　会计：　　保管：王亮　　交物人：李强

记账凭证

年　月　日　　　　字第　　号

丙式－28(A)　12×21厘米(W)

摘要	总账科目	明细科目	记账√	借方金额										记账√	贷方金额								
				千	百	十	万	千	百	十	元	角	分		千	百	十	万	千	百	十	元	角	分

附件　张

会计主管　记账　出纳　审核　制单

(3)

中国工商银行

转账支票存根

XⅥ00001255

附加信息

出票日期　2013年8月6日

收款人：三江工业有限责任公司
金　额：11700.00
用　途：货款

单位主管　会计

记账凭证

年　月　日　　　　字第　　号

丙式－28(A)　12×21厘米(W)

摘要	总账科目	明细科目	记账√	借方金额										记账√	贷方金额								
				千	百	十	万	千	百	十	元	角	分		千	百	十	万	千	百	十	元	角	分

附件　张

会计主管　记账　出纳　审核　制单

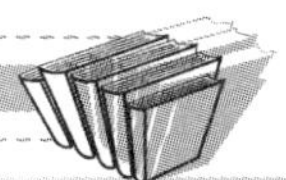

（4）

中国工商银行

转账支票存根

XⅥ00001265

附加信息______________

出票日期 2013 年 8 月 16 日

收款人：五羊工业有限责任公司
金 额：46800.00
用 途：预付货款

单位主管　　　　会计

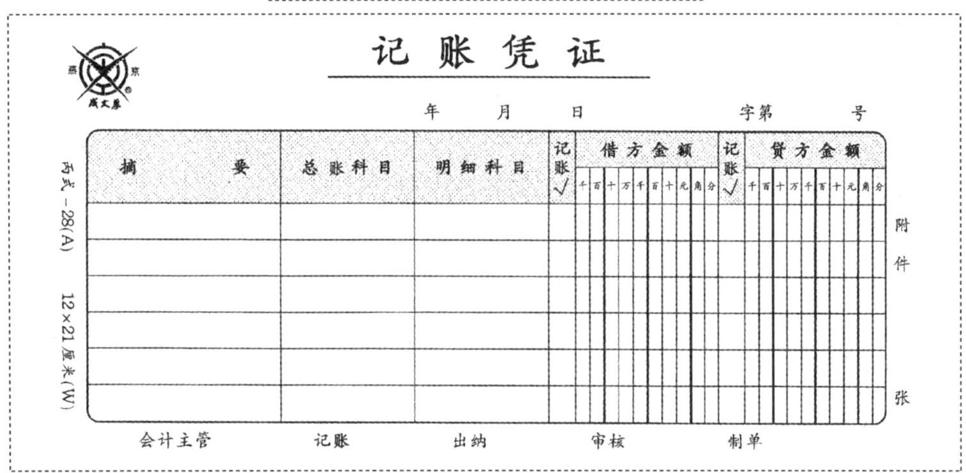

记 账 凭 证

年　　月　　日　　　　　字第　　　号

丙式-28(A)　12×21厘米(W)

摘要	总账科目	明细科目	记账√	借方金额										记账√	贷方金额									
				千	百	十	万	千	百	十	元	角	分		千	百	十	万	千	百	十	元	角	分

附件　张

会计主管　　记账　　出纳　　审核　　制单

（5）

实 物 入 库 凭 证

交物单位：五羊工业有限责任公司　2013年 9月5日　　　字第3号

品名	数量	单位	单价	金额									备考
				百	十	万	千	百	十	元	角	分	
电路板	2000	件	20		¥	4	0	0	0	0	0	0	
合计	肆万元整												40000.00

负责人：　　　会计：　　　保管：王亮　　　交物人：李强

23

6100047539 **陕西增值税专用发票** No 02383912

发票联 开票日期：2013年9月6日

购货单位	名称：兴茂电器有限责任公司 纳税人识别号：15002462647534X 地址、电话：西安市长安南路 029-88430586 开户行及账号：工行长安路支行 101014788680920011					密码区	（略）	
货物或应税劳务名称	规格型号	单位	数量	单价	金额	税率	税额	
电路板		件	2000	20.00	40000.00	17%	6800.00	
合计					￥40000.00		￥6800.00	
价税合计（大写）	肆万陆仟捌佰元整				（小写）￥46800.00			
销货单位	名称：五羊工业有限责任公司 纳税人识别号：610188146622317 地址、电话：西安市高新区 029-36891245 开户行及账号：中行高新区支行 21371859091002					备注	五羊工业有限责任公司 发票专用章	

收款人： 复核： 开票人：王荣 开票单位：（章）

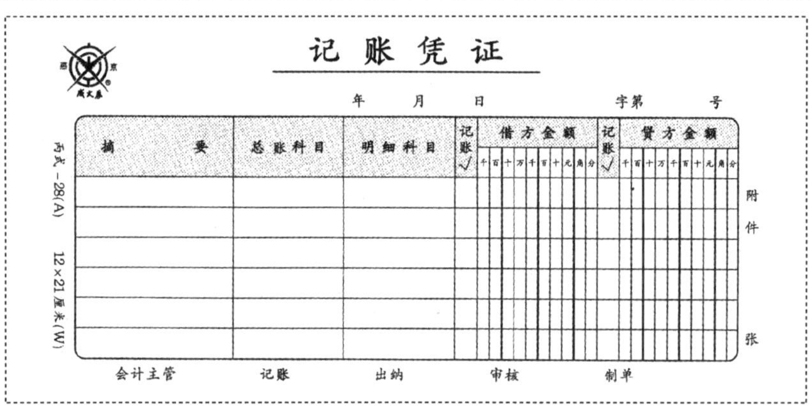
记账凭证

年 月 日 字第 号

摘要	总账科目	明细科目	记账√	借方金额	记账√	贷方金额

丙式-28(A) 12×21厘米(W)

附件 张

会计主管 记账 出纳 审核 制单

（6）

实物入库凭证

交物单位：茂隆机电有限责任公司 2013年8月21日 字第4号

品名	数量	单位	单价	金额 百	十	万	千	百	十	元	角	分	备考
连接器	500	件	40		￥	2	0	0	0	0	0	0	
合计	贰万元整			20000.00									

负责人： 会计： 保管：王亮 交物人：李强

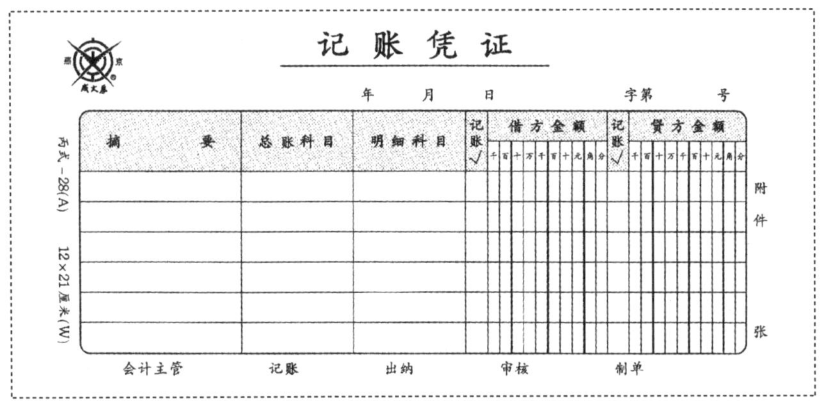

记　账　凭　证

年　　月　　日　　　　　　　　字第　　　号

摘　　要	总账科目	明细科目	记账√	借方金额	记账√	贷方金额

丙式－28(A)　12×21厘米(W)

附件　　张

会计主管　　记账　　出纳　　审核　　制单

（7）

中国工商银行
转账支票存根
XⅥ00001285
附加信息

出票日期　2013 年 9 月 16 日

收款人：茂隆机电有限责任公司
金　额：23400.00
用　途：货款

单位主管　　　　会计

6100045826　　**陕西增值税专用发票**　　No 02387612

发票联　　　　开票日期：2013 年 9 月 20 日

购货单位	名　　称：兴茂电器有限责任公司 纳税人识别号：15002462647534X 地　址、电　话：西安市高长安南路　029-88430586 开户行及账号：工行长安路支行　101014788680920011	密码区	（略）

货物或应税劳务名称	规格型号	单位	数量	单价	金额	税率	税额
连接器		件	500	40.00	20000.00	17%	3400.00
合　　计					¥20000.00		¥3400.00
价税合计（大写）	贰万叁仟肆佰元整				（小写）¥23400.00		

销货单位	名　　称：茂隆机电有限责任公司 纳税人识别号：610188146635146 地　址、电　话：咸阳市东风路 24 号　029-36891259 开户行及账号：建行人民东路支行　21371859091021	备注	茂隆机电有限责任公司 发票专用章

收款人：　　　复核：　　　开票人：王宏　　　开票单位：（章）

记账凭证

年 月 日 字第 号

摘要	总账科目	明细科目	记账√	借方金额（千百十万千百十元角分）	记账√	贷方金额（千百十万千百十元角分）

附件 张

会计主管 记账 出纳 审核 制单

丙式－28(A) 12×21厘米(W)

（8）

西安市工商企业普通发票

610102104221 发票联 国税（02）工商二联

2013年9月9日 №0552620

购货单位（人）	名称	兴茂电器有限责任公司	地址	西安市长安南路 029-88430586						
品名规格	单位	数量	单价	金额：万	千	百	十	元	角	分
量具	件	20	10		¥	2	0	0	0	0
合计（大写）	贰佰元整				¥	2	0	0	0	0
销货单位 名称	光华量具厂		纳税人识别号	665567462531875						
销货单位 地址	西安市友谊路16号		电话	8569912						

开票人：郑倩 销货单位（章）

（印章：光华量具厂 发票专用章）

现金付出凭证

第二联 交会计

2013年9月10日 第3号

	备注
付给 购量具 款 计人民币（大写）贰佰元整 领款人（签名） 张金华	200.00元

负责人 会计 吴静 出纳 李丽

记账凭证

年 月 日 字第 号

摘要	总账科目	明细科目	记账√	借方金额（千百十万千百十元角分）	记账√	贷方金额（千百十万千百十元角分）

附件 张

会计主管 记账 出纳 审核 制单

丙式－28(A) 12×21厘米(W)

(9)

6100045134 **陕西增值税专用发票** No 02383013

发票联 开票日期：2013年9月5日

购货单位	名称：兴茂电器有限责任公司 纳税人识别号：15002462647534X 地址、电话：西安市长安南路 029-88430586 开户行及账号：工行长安路支行 101014788680920011				密码区	（略）	
货物或应税劳务名称	规格型号	单位	数量	单价	金额	税率	税额
钻头		件	100	100.00	10000.00	17%	1700.00
合计					¥10000.00		¥1700.00
价税合计（大写）	壹万壹仟柒佰元整				（小写）¥11700.00		
销货单位	名称：祥和机械有限责任公司 纳税人识别号：610598146622310 地址、电话：宝鸡市高新区 029-36891245 开户行及账号：中行高新区支行 21371859091002				备注	祥和机械有限责任公司 发票专用章	

收款人： 复核： 开票人：李志杰 开票单位：（章）

实物入库凭证

交物单位：祥和机械有限责任公司　2013年9月5日　　字第12号

品名	数量	单位	单价	金额									备考
				百	十	万	千	百	十	元	角	分	
钻头	100	件	100.00		¥	1	0	0	0	0	0	0	
合计	壹万元整						10000.00						

负责人：　　会计：　　保管：王亮　　交物人：李强

中国工商银行

转账支票存根

XⅥ00001287

附加信息

出票日期 2013 年 9月 6 日

收款人：祥和机械有限责任公司
金　额：11700.00
用　途：付货款

单位主管　　会计

记账凭证

年　月　日　　字第　号

丙式－28(A)　12×21厘米(W)

摘要	总账科目	明细科目	记账√	借方金额										记账√	贷方金额									
				千	百	十	万	千	百	十	元	角	分		千	百	十	万	千	百	十	元	角	分

附件　张

会计主管　　记账　　出纳　　审核　　制单

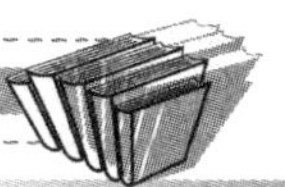

（10）

现金付出凭证

第二联 交会计

2013 年 9 月 15 日 第 4 号

付 给 购文件柜 款 计人民币（大写）叁仟元整 领款人（签名） 张朝晖	备 注 3000.00 元

负责人 会计 吴静 出纳 李丽

西安市工商企业普通发票

610102104221 发 票 联 国税（02）工商二联

2013 年 9 月 15 日 No 0125470

购货单位（人）		名称	兴茂电器有限责任公司	地址	西安市长安南路 029-88430586						
品名规格		单位	数量	单价	金额						
					万	千	百	十	元	角	分
文件柜		个	10	300	¥	3	0	0	0	0	0
合计（大写）		叁仟元整			¥	3	0	0	0	0	0
销货单位	名称	光华家具厂		纳税人识别号	665562462531875						
	地址	西安市长安路 16 号		电话	8569912						

开票人：吴红艳 销货单位（章）

（印章：光华家具厂 发票专用章）

记 账 凭 证

年 月 日 字第 号

摘要	总账科目	明细科目	记账√	借方金额	记账√	贷方金额

附件 张

会计主管 记账 出纳 审核 制单

丙式－28(A) 12×21 厘米(W)

2. 三星机械厂为增值税小规模纳税人，物资采购业务的原始凭证如下，填制各项业务的原始凭证。

（1）

西安市工商企业普通发票

610102104273　　发　票　联　　国税（02）工商二联

2013年8月9日　　No 0358795

购货单位（人）	名称	三星机械厂	地址	咸阳市虹桥路68号　电话3233022						
品名规格	单位	数量	单价	金额						
				万	千	百	十	元	角	分
钢材	kg	500	20	1	0	0	0	0	0	0
合计（大写）	壹万元整			1	0	0	0	0	0	0
销货单位　名称	明远工业有限责任公司		纳税人识别号	765567462531875						
销货单位　地址	西安市建设路16号		电话	3269912						

开票人：刘国庆　　销货单位（章）

（印章：明远工业有限责任公司 发票专用章）

实物入库凭证

交物单位：明远工业有限责任公司　2013年8月5日　　字第10号

品名	数量	单位	单价	金额									备考
				百	十	万	千	百	十	元	角	分	
钢材	500	kg	20		¥	1	0	0	0	0	0	0	
合计	壹万元整			10000.00									

负责人：　　会计：　　保管：张开　　交物人：王琼

中国工商银行

转账支票存根

X VI00001285

附加信息

出票日期　2013年8月10日

收款人：明远工业有限责任公司
金　额：10000.00
用　途：货款

单位主管　　会计

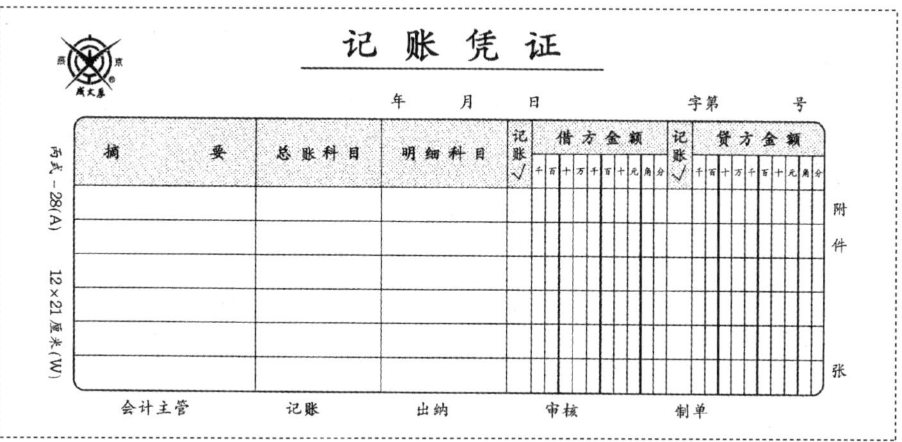

记账凭证

年 月 日 字第 号

摘要	总账科目	明细科目	记账√	借方金额	记账√	贷方金额

附件 张

丙式－28(A) 12×21厘米(W)

会计主管 记账 出纳 审核 制单

（2）

咸阳市商业企业普通发票

610402105884 发 票 联 国税（02）工商二联

2013年8月12日 No 0552819

购货单位（人）	名称	三星机械厂	地址	咸阳市虹桥路68号 电话3233022						
品名规格	单位	数量	单价	金额						
				万	千	百	十	元	角	分
电风扇	台	1	150		¥	1	5	0	0	0
合计（大写）	壹佰伍拾元整				¥	1	5	0	0	0

销货单位	名称	景宁电器商场	纳税人识别号	665567462530214
	地址	咸阳市团结路16号	电话	33699123

开票人：张静 销货单位(章)

（印章：景宁电器商场 发票专用章）

现金付出凭证

第二联 交会计

2013年8月19日 第3号

	备注
付给 购电风扇 款 计人民币（大写）壹佰伍拾元整 领款人（签名） 张明	150.00元

负责人 会计 吴静 出纳 李丽

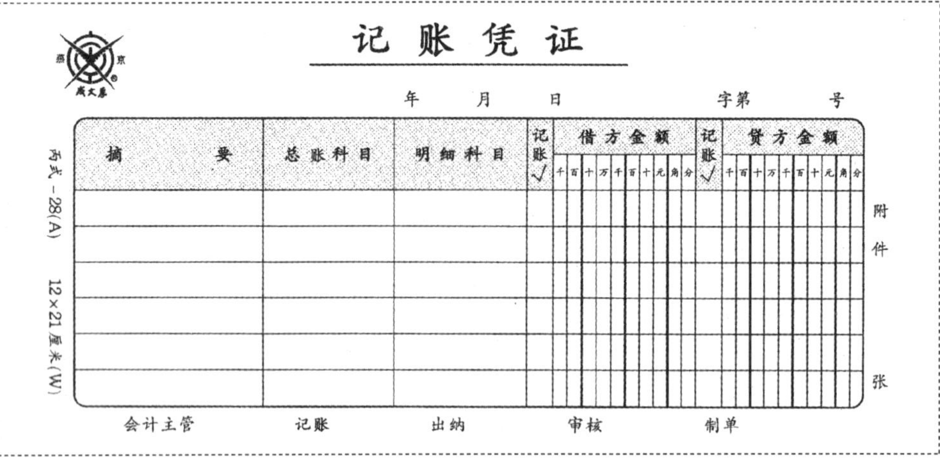

记 账 凭 证

年 月 日 字第 号

摘 要	总账科目	明细科目	记账√	借方金额 千百十万千百十元角分	记账√	贷方金额 千百十万千百十元角分

附件 张

会计主管 记账 出纳 审核 制单

丙式－28(A) 12×21厘米(W)

(3)

西安市工商企业普通发票

610102104890 发 票 联 国税（02）工商二联

2013年8月19日 No 0350127

购货单位（人）	名称	三星机械厂	地址	咸阳市虹桥路68号 电话3233022						
品名规格	单位	数量	单价	金额 万	千	百	十	元	角	分
砂轮	个	50	100	¥	5	0	0	0	0	0
合计（大写）		伍仟元整		¥	5	0	0	0	0	0
销货单位	名称	华兴工贸有限责任公司	纳税人识别号	765567462531125						
	地址	西安市大秦路9号	电 话	83269912						

开票人：李国强 销货单位（章）

（印章：华兴工贸有限责任公司 发票专用章）

实 物 入 库 凭 证

交物单位：华兴工贸有限责任公司 2013年8月19日 字第12号

品名	数量	单位	单价	金额 百	十	万	千	百	十	元	角	分	备考
砂轮	50	个	100			¥	5	0	0	0	0	0	
合计	伍仟元整								5000.00				

负责人： 会计： 保管：张丹 交物人：王琼

中国工商银行

转账支票存根

X Ⅵ00001290

附加信息

出票日期　2013 年 8 月 19 日

收款人：华兴工贸有限责任公司
金　额：5000.00
用　途：砂轮货款

单位主管　　　　会计

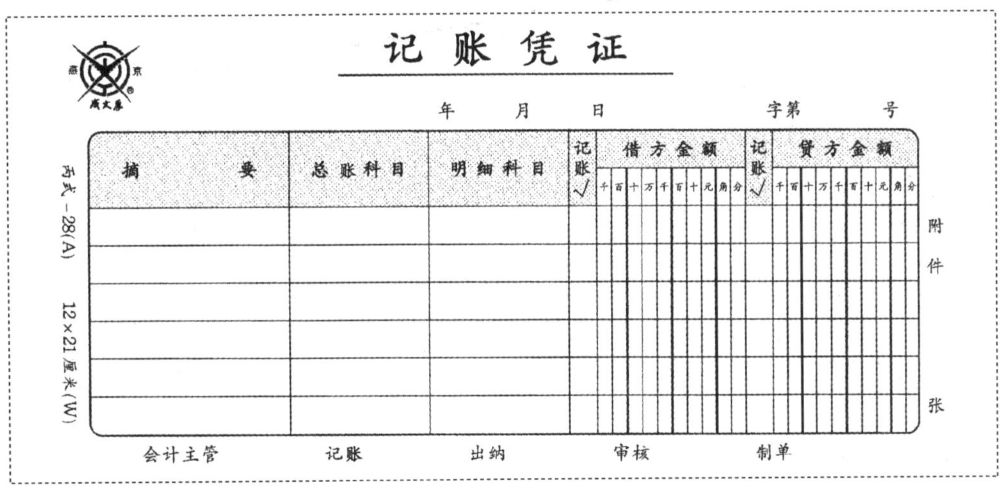

记　账　凭　证

年　　月　　日　　　　　字第　　　号

摘　　要	总账科目	明细科目	记账√	借方金额（千百十万千百十元角分）	记账√	贷方金额（千百十万千百十元角分）

丙式－28(A)　12×21厘米(W)

附件　　张

会计主管　　记账　　出纳　　审核　　制单

(4)

咸阳市工业企业普通发票

610102100124　　　　发　票　联　　　　国税（02）工商二联

2013年 9 月 20 日　　　　No 0358951

购货单位（人）	名称	三星机械厂	地址	咸阳市虹桥路 68 号　电话 3233022						
品名规格	单位	数量	单价	金额：万	千	百	十	元	角	分
钢文件柜	个	10	800	￥	8	0	0	0	0	0
合计（大写）	捌仟元整			￥	8	0	0	0	0	0
销货单位	名称：天工家具有限责任公司		纳税人识别号	965567462530148						
	地址：咸阳市紫苑路 25 号		电　话	85463502						

开票人：何光远　　　　销货单位（章）

（印章：天工家具有限责任公司　发票专用章）

现金付出凭证

第二联　交会计

2013年9月20日　　第5号

付　　给 购文件柜 款	备　　注
计人民币（大写）捌仟元整	
领款人（签名）吴哲华	8000.00元

负责人　　会计 吴静　　出纳 李丽

记　账　凭　证

年　　月　　日　　　　字第　　　号

丙式－28(A)　12×21厘米(W)

摘　要	总账科目	明细科目	记账√	借方金额 千	百	十	万	千	百	十	元	角	分	记账√	贷方金额 千	百	十	万	千	百	十	元	角	分

附件　　张

会计主管　　记账　　出纳　　审核　　制单

4 实训四 固定资产业务

根据方达机械有限公司下列经济业务的原始凭证，填制记账凭证。

(1)

6100047826　　**陕西增值税专用发票**　　No 02001235

发票联　　开票日期：2013 年 9 月 5 日

购货单位	名　　称：方达机械有限公司 纳税人识别号：150024626475387 地 址、电 话：西安市太白南路　029-88430586 开户行及账号：工行长安路支行　101014788680920011				密码区	（略）		
货物或应税劳务名称	规格型号	单 位	数 量	单 价	金 额	税 率	税 额	
车床		台	1	200000.00	200000.00	17%	34000.00	
合　　计					¥200000.00		¥34000.00	
价税合计（大写）	贰拾叁万肆仟元整				（小写）¥234000.00			
销货单位	名　　称：秦川机床有限责任公司 纳税人识别号：610598146625687 地 址、电 话：宝鸡市高新区 0917-56891236 开户行及账号：中行高新区支行　21371859093254				备注	秦川机床有限责任公司 发票专用章		

收款人：　　复核：　　开票人：张伟　　开票单位：（章）

中国工商银行 电汇凭证（回单）

☐普通　☐加急　　委托日期　2013 年 9 月 6 日

汇款人	全　称	方达机械有限公司	收款人	全　称	秦川机床有限责任公司
	账　号	101014788680920011		账　号	21371859093254
	汇出地点	陕西 省 西安 市/县		汇入地点	陕西 省 宝鸡 市/县
汇出行名称		工行长安路支行	汇入行名称		中行高新区支行

金额	人民币（大写）贰拾叁万肆仟元整	亿	千	百	十	万	千	百	十	元	角	分
				¥	2	3	4	0	0	0	0	0

汇出行签章（中国工商银行 长安路支行 转讫）	支付密码	

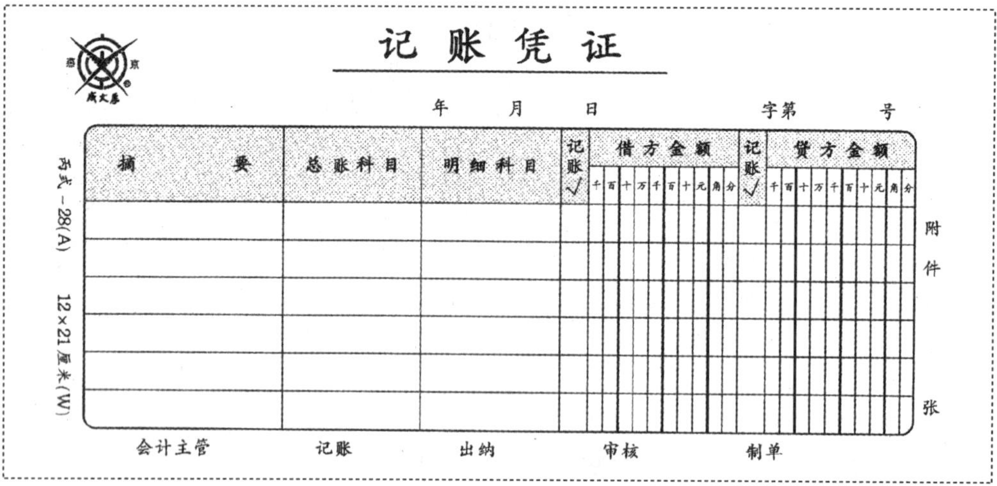

记账凭证

年 月 日 字第 号

摘要	总账科目	明细科目	记账√	借方金额	记账√	贷方金额

附件 张

会计主管 记账 出纳 审核 制单

（2）锅炉需安装。

6100047826 **陕西增值税专用发票** No 02380129

发票联 开票日期：2013年9月15日

购货单位	名称：方达机械有限公司 纳税人识别号：150024626475387 地址、电话：西安市太白南路 029-88430586 开户行及账号：工行长安路支行 101014788680920011					密码区	（略）
货物或应税劳务名称	规格型号	单位	数量	单价	金额	税率	税额
锅炉		台	1	120000.00	120000.00	17%	20400.00
合计					¥120000.00		¥20400.00
价税合计（大写）	壹拾肆万零肆佰元整						（小写）¥140400.00
销货单位	名称：宝鸡锅炉有限责任公司 纳税人识别号：610598146625687 地址、电话：宝鸡市陈仓区 0917-56891016 开户行及账号：中行陈仓路支行 21371859095701					备注	

收款人： 复核： 开票人： 张之滨 开票单位：（章）

陕西省宝鸡市交通运输业通用发票

发票联

开票日期：2013-09-15 发票代码 0000000129

付款单位(个人)：方达机械有限公司 发票号码 0012237

项目	金额
运费	8600.00
合计金额（元）（大写）：捌仟陆佰元整	（小写）￥：8600.00
备注：	

收款单位：（盖章有效）通达物流有限责任公司 收款人：李倩

收款单位税号 214578925478

通达物流有限责任公司 发票专用章

中国工商银行 电汇凭证（回单）

☐普通 ☐加急 委托日期 2013 年 9 月 16 日

汇款人	全称	方达机械有限公司	收款人	全称	宝鸡锅炉有限责任公司
	账号	101014788680920011		账号	21371859095701
	汇出地点	陕西 省 西安 市/县		汇入地点	陕西 省 宝鸡 市/县
汇出行名称		工行长安路支行	汇入行名称		中行陈仓路支行

金额	人民币（大写）	亿	千	百	十	万	千	百	十	元	角	分
	壹拾肆万玖仟元整			￥	1	4	9	0	0	0	0	0

汇出行签章	支付密码	

中国工商银行 长安路支行 转讫

记账凭证

年 月 日 字第 号

摘要	总账科目	明细科目	记账√	借方金额	记账√	贷方金额
				千百十万千百十元角分		千百十万千百十元角分

丙式-28(A) 12×21厘米(W)

附件 张

会计主管 记账 出纳 审核 制单

(3)

建筑业统一发票

发票联

发票代码 000000587

开票日期 2013-9-21 发票号码 0000101

机打代码 机打号码 机器号码	0000000000001245 32000001564 5870000321		税控码	000000000333332015489795 2003		
付款方名称	方达机械有限公司	身份证号码/组织机构代码/纳税人识别号		10325861101	是否为总包人	否
收款方名称	宝鸡锅炉有限责任公司	身份证号码/组织机构代码/纳税人识别号		62104687025	是否为分包人	否
工程项目名称	工程项目编号	结算项目	金 额(元)		完税凭证号码(代扣代缴税款)	
锅炉安装		总体安装	14000.00			
合计金额(元)(大写)壹万肆仟元整			¥14000.00			
备注		主管税务机关及代码				

开票人：李平 开票单位签章：

中国工商银行 电汇凭证（回单）

□普通 □加急 委托日期 2013 年 9 月 22 日

汇款人	全称	方达机械有限公司	收款人	全称	宝鸡锅炉有限责任公司
	账号	101014788680920011		账号	21371859095701
	汇出地点	陕西 省 西安 市/县		汇入地点	陕西 省 宝鸡 市/县
汇出行名称		工行长安路支行	汇入行名称		中行陈仓路支行

金额	人民币（大写）壹万肆仟元整	亿	千	百	十	万	千	百	十	元	角	分
					¥	1	4	0	0	0	0	0

汇出行签章	支付密码	
中国工商银行 长安路支行 转讫		

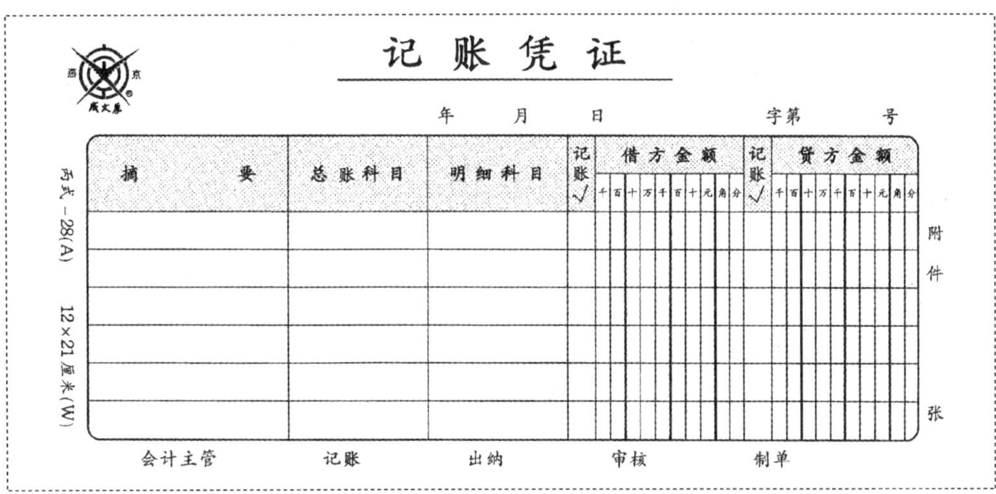

记账凭证

年 月 日 字第 号

摘要	总账科目	明细科目	记账√	借方金额（千 百 十 万 千 百 十 元 角 分）	记账√	贷方金额（千 百 十 万 千 百 十 元 角 分）

丙式－28(A) 12×21厘米(W)

附件 张

会计主管 记账 出纳 审核 制单

（4）根据（2）和（3）中的项目填写结算单数据。

锅炉入账价值结算单

购置成本： 元

安装费： 元

总价值： 元

完工交付使用时间 2013 年 9 月 21 日

记账凭证

年 月 日 字第 号

丙式－28(A) 12×21厘米(W)

摘要	总账科目	明细科目	记账√	借方金额	记账√	贷方金额

附件 张

会计主管 记账 出纳 审核 制单

（5）建库房用建筑材料。

6100021578 **陕西增值税普通发票** No 02380123

发票联 开票日期：2013年10月10日

购货单位	名称：方达机械有限公司 纳税人识别号：15002462647534X 地址、电话：西安市长安南路 029-88430586 开户行及账号：工行长安路支行 101014788680920011				密码区	（略）		
货物或应税劳务名称	规格型号	单位	数量	单价	金额	税率	税额	
钢材		吨	40	4273.50	170940.17	17%	29059.83	
合计					¥170940.17		¥29059.83	
价税合计（大写）	贰拾万元整				（小写）¥200000.00			
销货单位	名称：东风物资有限责任公司 纳税人识别号：610598146625687 地址、电话：西安市太白路 029-86891236 开户行及账号：中行太白路支行 21371859093897				备注	东风物资有限责任公司 发票专用章		

收款人： 复核： 开票人：胡大一 开票单位：（章）

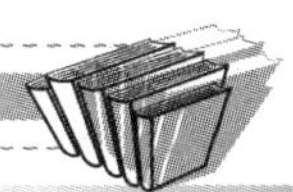

中国工商银行

转账支票存根

X VI00000893

附加信息

出票日期 2013 年 10 月 12 日

收款人：东风物资有限责任公司
金 额：200000.00
用 途：钢材款

单位主管 会计

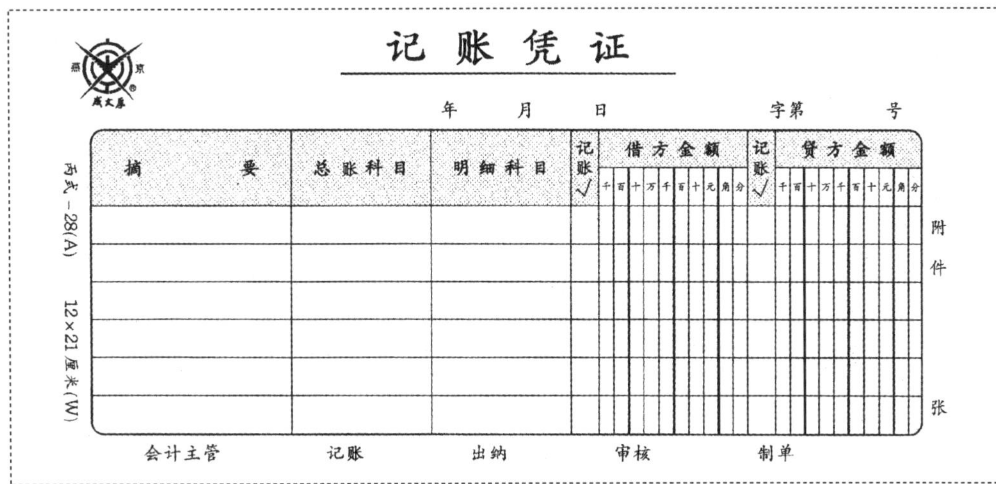

燕京 成文厚

记 账 凭 证

年 月 日 字第 号

摘要	总账科目	明细科目	记账√	借方金额										记账√	贷方金额									
				千	百	十	万	千	百	十	元	角	分		千	百	十	万	千	百	十	元	角	分

丙式－28(A) 12×21厘米(W)

附件 张

会计主管 记账 出纳 审核 制单

(6)

华为建筑公司收料单

交物单位：方达机械有限公司 2013年 10月 12日 字第 5 号

品名	数量	单位	单价	金额									备考
				百	十	万	千	百	十	元	角	分	
钢筋	40	吨		¥	2	0	0	0	0	0	0	0	
合计													

负责人： 会计： 保管：王东东 交物人：章琪

记 账 凭 证

年 月 日 字第 号

摘要	总账科目	明细科目	记账√	借方金额 千百十万千百十元角分	记账√	贷方金额 千百十万千百十元角分

丙式-28(A) 12×21厘米(W)

附件 张

会计主管 记账 出纳 审核 制单

(7)

建 筑 业 统 一 发 票

发票联

发票代码 000000153

开票日期 2013-10-25 发票号码 0000194

机打代码 机打号码 机器号码	0000000000001249 32000001568 5870000326	税控码	000000000333332015489795200З		
付款方名称	方达机械有限公司	身份证号码/组织机构代码/纳税人识别号	10325861147	是否为总包人	否
收款方名称	华为建筑有限公司	身份证号码/组织机构代码/纳税人识别号	52104687925	是否为分包人	否
工程项目名称	工程项目编号	结算项目	金 额（元）	完税凭证号码（代扣代缴税款）	
方达机械有限公司库房		总体工程	80000.00		
合计金额（元）（大写）捌万元整			¥80000.00		
备注		主管税务机关及代码			

开票人：张知行 开票单位签章：

华为建筑有限公司 发票专用章

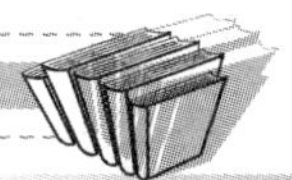

中国工商银行

转账支票存根

X VI00002568

附加信息

出票日期　2013　年 10 月 25 日

收款人：	华为建筑有限公司
金　额：	80000.00
用　途：	工程款

单位主管　　　　会计

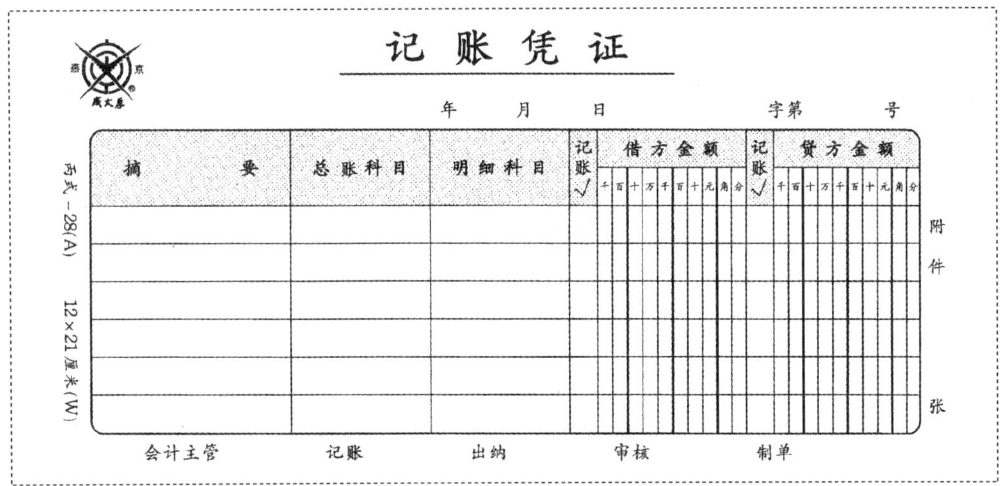

燕京 成文厚

记 账 凭 证

年　　月　　日　　　　　　字第　　　号

摘　要	总账科目	明细科目	记账√	借方金额										记账√	贷方金额									
				千	百	十	万	千	百	十	元	角	分		千	百	十	万	千	百	十	元	角	分

附件　　张

会计主管　　记账　　出纳　　审核　　制单

丙式－28(A)　12×21厘米(W)

（8）

库房工程成本结算单

材料成本：　　200000 元

支付工程款：　80000 元

工程成本合计：280000 元

完工时间　2013 年 10 月 25 日

记 账 凭 证

年　　月　　日　　　　　　字第　　　号

丙式－28(A)　12×21厘米(W)

摘　　要	总账科目	明细科目	记账√	借方金额（千 百 十 万 千 百 十 元 角 分）	记账√	贷方金额（千 百 十 万 千 百 十 元 角 分）

附件　　张

会计主管　　记账　　出纳　　审核　　制单

(9)

陕西省西安市服务业、娱乐业、转让无形资产通用发票

发票联

开票日期：2013-9-19　　　　发票代码 0000000235

付款单位（个人）：方达机械有限公司　　　　发票号码 0012441

项　目	金　额
租金	2500.00
合计金额（元）（大写）：贰仟伍佰元整	（小写）￥：2500.00
备注：	

收款单位：（盖章有效）大地房地产有限公司　　　　收款人：李良

收款单位税号　214578900283

现金付出凭证　　　　第二联　交会计

2013年9月19日　　　　第8号

	备　注
付　　给 办公室房租 款	
计人民币（大写）贰仟伍佰元整	
领款人（签名）张兆辉	2500.00元

负责人　　　　会计　吴静　　　　出纳　李丽

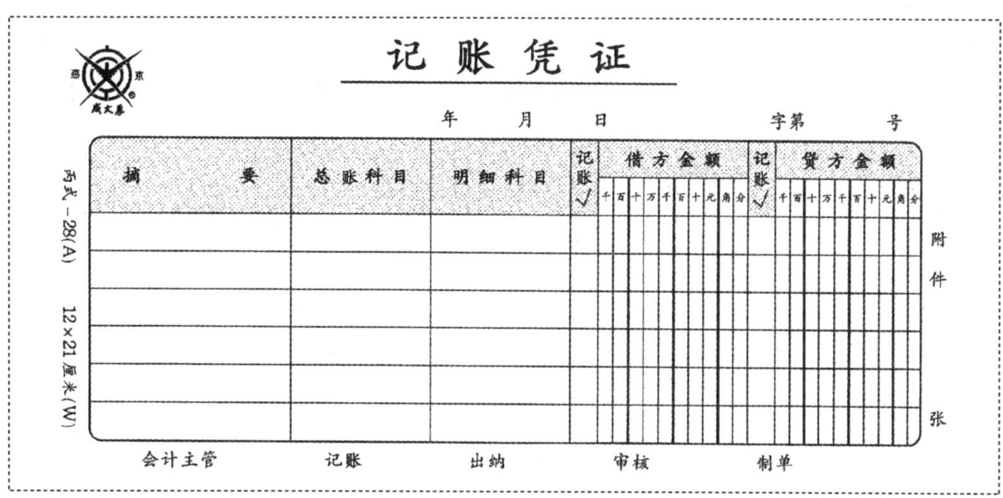

（10）先填制计提表。

表 4-1 固定资产折旧计提表

2013 年 9 月

单位：元

固定资产名称	原　值	净残值率(%)	应提折旧总额	折旧年限	月折旧额	累计折旧额
甲生产设备	234 000	5		10		
乙生产设备	150 400	5		10		
车间房屋	100 000	5		30		
生产用小计						
办公用计算机	5 000	2		5		
办公用打印机	2 000	2		5		
轿车	200 000	5		10		
管理用小计						
合计						

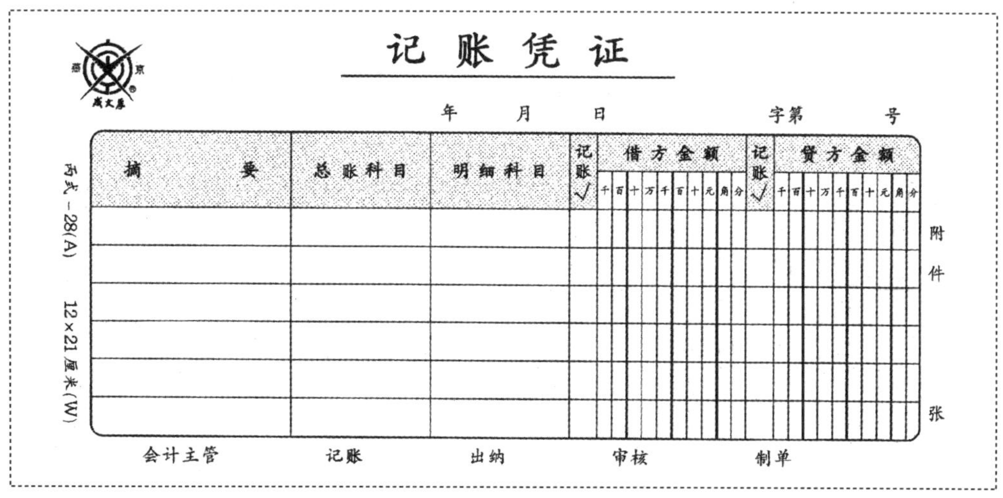

(11)

西安市工商企业普通发票

610102104500　　　　发　票　联　　　　国税（02）工商二联

2013年9月25日　　　　No 0183201

购货单位（人）	名称	方达机械有限公司	地址	西安市长安南路 029-88430012						
品名规格	单位	数量	单价	金额						
				万	千	百	十	元	角	分
机床修理				¥	1	0	0	0	0	0
合计（大写）	壹仟元整			¥	1	0	0	0	0	0
销货单位 名称	大道机床修理厂	纳税人识别号	665567462531020							
销货单位 地址	西安市建设路16号	电话	85690123							

开票人：雷萌　　　　销货单位(章)　（印章：大道机床修理厂 发票专用章）

中国工商银行

转账支票存根

XⅥ00006582

附加信息

出票日期　2013年9月25日

收款人：大道机床修理厂
金　额：1000.00
用　途：机床修理费

单位主管　　　　会计

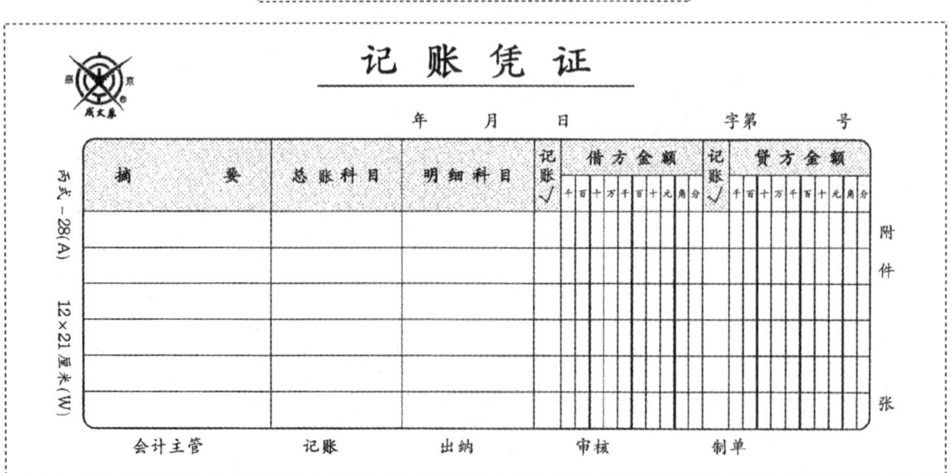

记 账 凭 证

年　月　日　　　　字第　　号

摘要	总账科目	明细科目	记账√	借方金额 千	百	十	万	千	百	十	元	角	分	记账√	贷方金额 千	百	十	万	千	百	十	元	角	分

附件　　张

丙式－28(A)　12×21厘米(W)

会计主管　　记账　　出纳　　审核　　制单

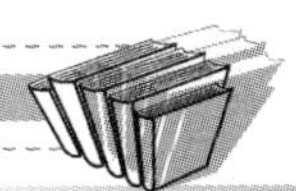

（12）

扩建厂房账面资料

原　　值：100000 元
累计折旧： 40000 元
净　　值： 60000 元

扩建开始日期　2013 年 9 月 3 日

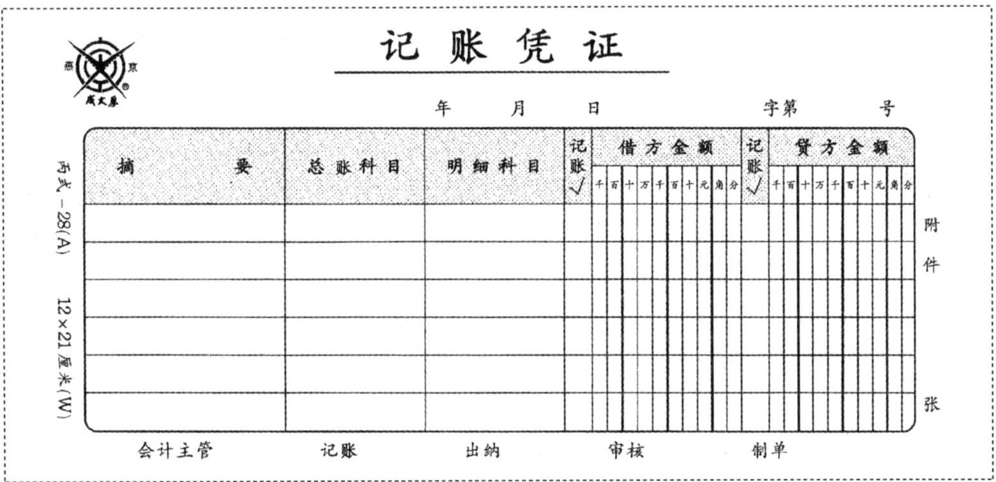

记 账 凭 证

年　月　日　　字第　号

摘要	总账科目	明细科目	记账√	借方金额（千百十万千百十元角分）	记账√	贷方金额（千百十万千百十元角分）

附件　张

会计主管　记账　出纳　审核　制单

丙式－28(A)　12×21厘米(W)

（13）

中国工商银行
转账支票存根
XⅥ00006585

附加信息

出票日期　2013 年 10 月 9 日

收款人：	泰兴建筑公司
金　额：	50000.00
用　途：	厂房扩建工程款

单位主管　　会计

建筑业统一发票

发票联

发票代码 0000025012

开票日期 2013-10-8　　　　发票号码 0000321

机打代码 机打号码 机器号码	0000000000012017 32000001533 5870000250	税控码	00000000033333201548979520115		
付款方名称	方达机械有限公司	身份证号码/组织机构代码/纳税人识别号	10325861147	是否为总包人	否
收款方名称	秦兴建筑公司	身份证号码/组织机构代码/纳税人识别号	52104687928	是否为分包人	否
工程项目名称	工程项目编号	结算项目	金　额（元）	完税凭证号码（代扣代缴税款）	
厂房扩建工程		总体	50000.00		
合计金额（元）（大写）伍万元整			¥50000.00		
备注		主管税务机关及代码			

开票人：王宏伟　　　　开票单位签章：

秦兴建筑公司 发票专用章

记账凭证

年　月　日　　　　字第　号

摘要	总账科目	明细科目	记账√	借方金额 千 百 十 万 千 百 十 元 角 分	记账√	贷方金额 千 百 十 万 千 百 十 元 角 分

附件　张

会计主管　记账　出纳　审核　制单

丙式-28(A)　12×21厘米(W)

（14）

现金收入凭证

第一联　交会计

2013年9月21日　　　　第3号

	备　注
收　　到　厂房扩建旧料变卖　款	
计人民币（大写）贰仟元整	2000.00
交款人（签名）　高正旦	

负责人　　　　会计　吴静　　　　出纳　李丽

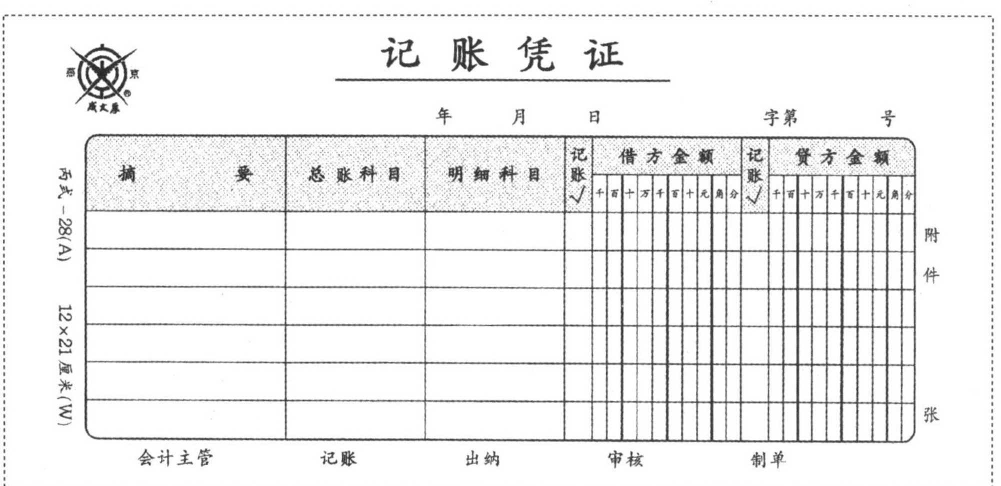

记 账 凭 证

年　月　日　　　　字第　　号

摘　要	总账科目	明细科目	记账√	借方金额 千百十万千百十元角分	记账√	贷方金额 千百十万千百十元角分

附件　　张

会计主管　　记账　　出纳　　审核　　制单

丙式－28(A)　12×21厘米(W)

（15）先填写计算单中数据。

扩建后厂房入账价值计算单

扩建前净值：　　　　元

加：扩建费用　　　　元

减：残料变价收入　　元

扩建后价值：　　　　元

完工日期　2013-10-8

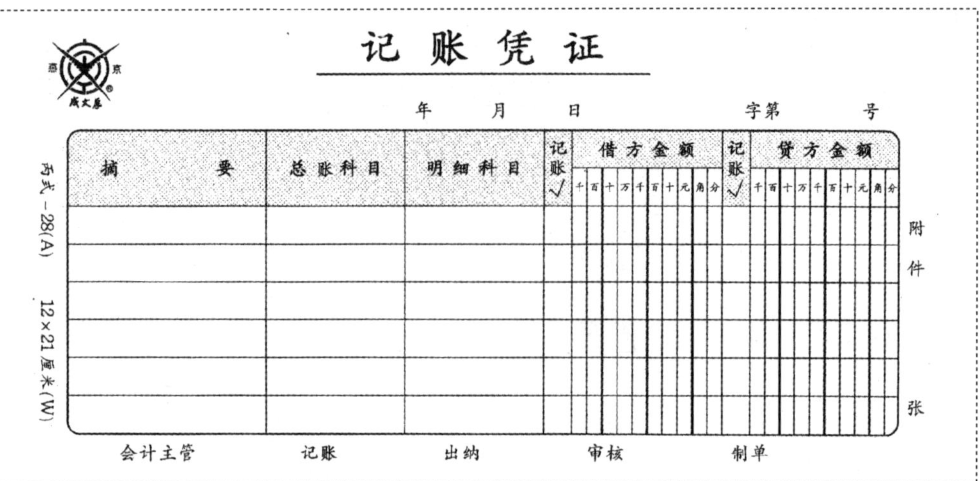

记账凭证

年 月 日 字第 号

摘要	总账科目	明细科目	记账√	借方金额	记账√	贷方金额

附件 张

会计主管 记账 出纳 审核 制单

（16）办公室租期5年。

建筑业统一发票

发票联

发票代码 0000025601

开票日期 2013-10-3　　发票号码 0000014

机打代码 机打号码 机器号码	0000000000012002 32000001214 5870000218	税控码	0000000003333320154897952025		
付款方名称	方达机械有限公司	身份证号码/组织机构代码/纳税人识别号	10325861147	是否为总包人	否
收款方名称	佳美装修公司	身份证号码/组织机构代码/纳税人识别号	52104687989	是否为分包人	否
工程项目名称	工程项目编号	结算项目	金额（元）	完税凭证号码（代扣代缴税款）	
办公室装修		总体	5000.00		
合计金额（元）（大写）伍仟元整			￥5000.00		
备注		主管税务机关及代码			

开票人：张小凡　　开票单位签章：佳美装修公司 发票专用章

中国工商银行
转账支票存根
X Ⅵ00001260

附加信息

出票日期 2013 年 10 月 3 日

收款人：佳美装修公司
金　额：5000.00
用　途：办公室装修费款

单位主管　　　　会计

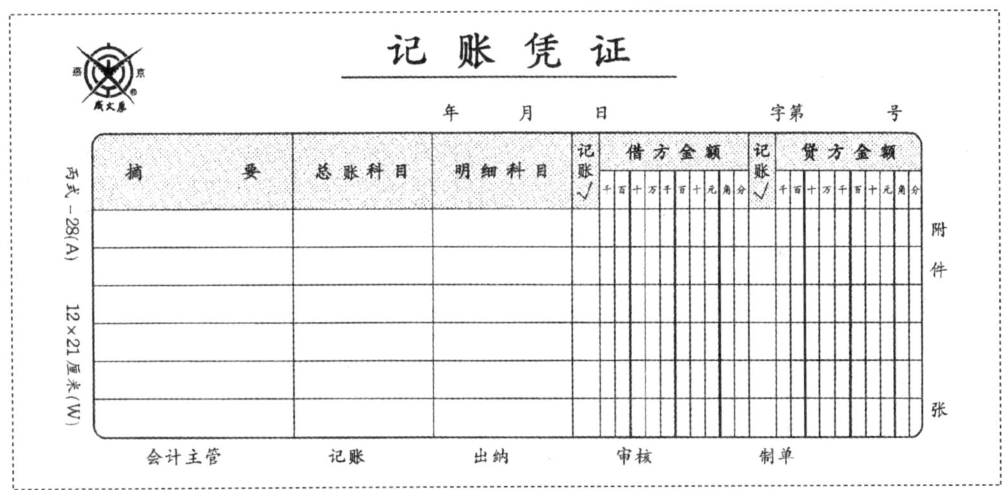

记 账 凭 证

年　月　日　　　　字第　　号

摘　要	总账科目	明细科目	记账√	借方金额（千 百 十 万 千 百 十 元 角 分）	记账√	贷方金额（千 百 十 万 千 百 十 元 角 分）

附件　张

丙式-28(A)　12×21厘米(W)

会计主管　　记账　　出纳　　审核　　制单

（17）

办公室装修费摊销计算单

装修费总额：　5000 元
租赁期限：　5 年
每年摊销额：　5000/5=1000 元

2013-12-25

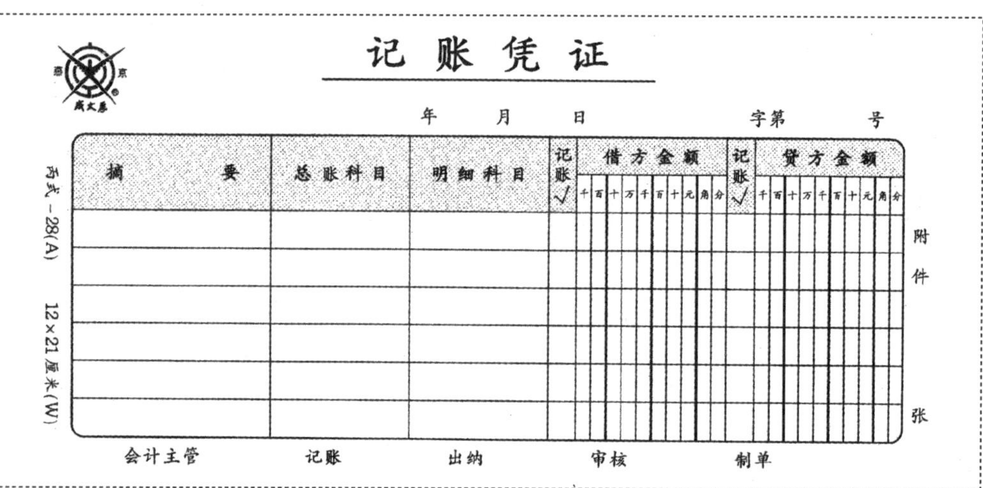

记账凭证

年　月　日　　字第　号

摘要	总账科目	明细科目	记账√	借方金额										记账√	贷方金额									
				千	百	十	万	千	百	十	元	角	分		千	百	十	万	千	百	十	元	角	分

丙式－28(A)　12×21厘米(W)

附件　张

会计主管　记账　出纳　审核　制单

（18）

出售轿车账面资料

原　　值：200000 元
已提折旧：　95000 元
净　　值：105000 元

2013 年 10 月 4 日

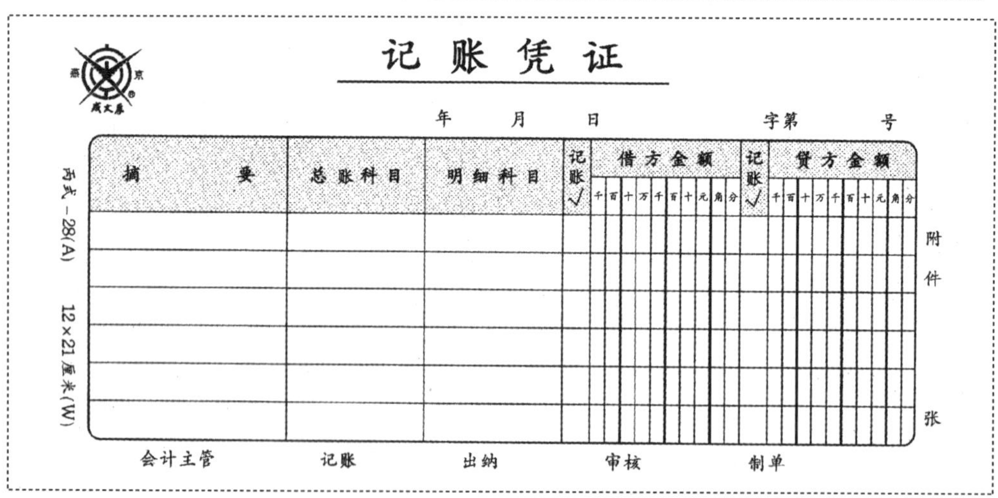

记账凭证

年　月　日　　字第　号

摘要	总账科目	明细科目	记账√	借方金额										记账√	贷方金额									
				千	百	十	万	千	百	十	元	角	分		千	百	十	万	千	百	十	元	角	分

丙式－28(A)　12×21厘米(W)

附件　张

会计主管　记账　出纳　审核　制单

(19)

西安市工商企业普通发票

记　账　联　　国税（02）工商二联

610102100258

2013年10月7日　　№ 2552103

购货单位（人）	名称	秦岭机械厂	地址	西安市振华路 029-86530503						
品名规格	单位	数量	单价	金额						
				万	千	百	十	元	角	分
轿车	辆	1	30000.00	3	0	0	0	0	0	0
合计（大写）	叁万元整			3	0	0	0	0	0	0
销货单位 名称	方达机械有限公司		纳税人识别号	765567462531249						
销货单位 地址	西安市长安南路6号		电　话	8569912						

开票人：刘华　　销货单位（章）

现金收入凭证

第一联　交会计

2013年10月7日　　第9号

	备　注
收　到 出售轿车 款	
计人民币（大写）叁万元整	30000.00
交款人（签名）高正臣	

负责人　　会计 吴静　　出纳 李丽

记 账 凭 证

燕京 威文展

年　月　日　　字第　号

摘要	总账科目	明细科目	记账√	借方金额（千 百 十 万 千 百 十 元 角 分）	记账√	贷方金额（千 百 十 万 千 百 十 元 角 分）

附件　张

丙式-28(A)　12×21厘米(W)

会计主管　记账　出纳　审核　制单

(20)

出售轿车损益计算单

出售收入：　　　　　30000 元
减：轿车账面净值　　105000 元
出售损失：　　　　　75000 元

2013. 10. 8

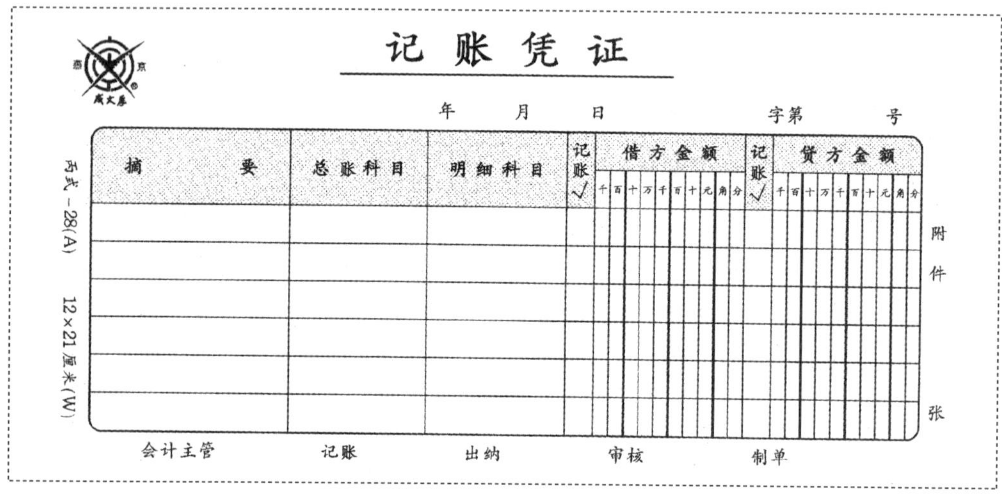

记 账 凭 证

年　　月　　日　　　　　　字第　　　号

摘要	总账科目	明细科目	记账√	借方金额										记账√	贷方金额									
				千	百	十	万	千	百	十	元	角	分		千	百	十	万	千	百	十	元	角	分

丙式－28(A)　12×21厘米(W)

附件　张

会计主管　　记账　　出纳　　审核　　制单

(21)

报废甲设备账面资料

原　　值：234000 元
已提折旧：222300 元
净　　值：11700 元

2013.10.12

记 账 凭 证

成文厚

年 月 日 字第 号

丙式－28(A) 12×21厘米(W)

摘要	总账科目	明细科目	记账√	借方金额										记账√	贷方金额									
				千	百	十	万	千	百	十	元	角	分		千	百	十	万	千	百	十	元	角	分

附件 张

会计主管 记账 出纳 审核 制单

(22)

现金收入凭证

第一联 交会计

2013年10月15日 第10号

	备 注
收 到 出售甲设备残料 款 计人民币（大写）捌仟元整 交款人（签名） 高正臣	8000.00

负责人 会计 吴静 出纳 李丽

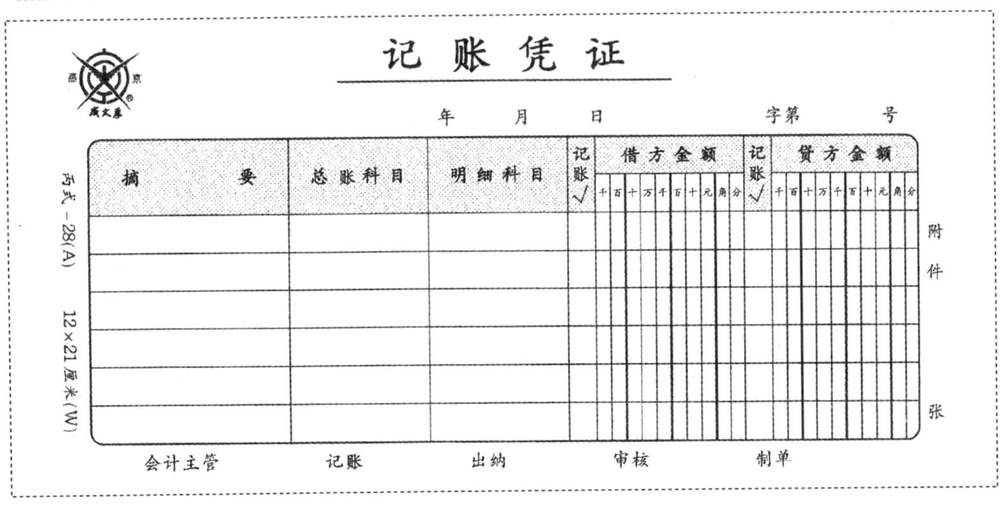

记 账 凭 证

成文厚

年 月 日 字第 号

丙式－28(A) 12×21厘米(W)

摘要	总账科目	明细科目	记账√	借方金额										记账√	贷方金额									
				千	百	十	万	千	百	十	元	角	分		千	百	十	万	千	百	十	元	角	分

附件 张

会计主管 记账 出纳 审核 制单

（23）

现金付出凭证　　　　第二联　交会计

2013年10月17日　　　　第9号

付　　给 甲设备拆卸费 款 计人民币（大写）贰佰元整 领款人（签名）吴大震	备　　注 200.00元

负责人　　　　会计 吴静　　　　出纳 李丽

今　收　到

为方达机械有限公司拆卸设备报酬贰佰元整。

吴大震

2013.10.17

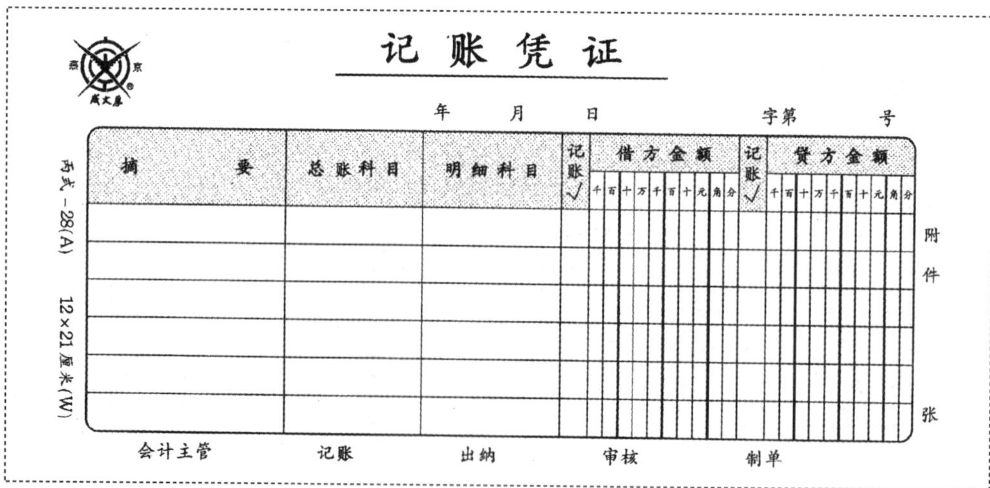

记　账　凭　证

年　月　日　　　　字第　　号

摘　　要	总账科目	明细科目	记账√	借方金额 千	百	十	万	千	百	十	元	角	分	记账√	贷方金额 千	百	十	万	千	百	十	元	角	分

丙式－28(A)　12×21厘米(W)

附件　　张

会计主管　　记账　　出纳　　审核　　制单

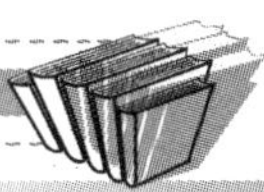

（24）先填写计算单中数据。

报废甲设备清理损益计算单

设备残值收入： 元
减：设备账面净值 元
减：拆卸费 元
净损失： 元

2013. 10. 18

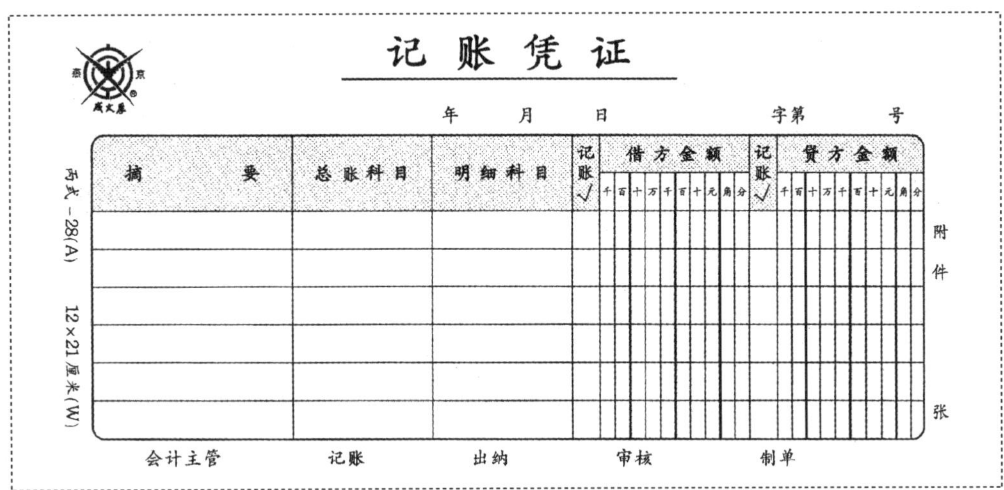

记 账 凭 证

年 月 日 字第 号

摘 要	总账科目	明细科目	记账√	借方金额										记账√	贷方金额									
				千	百	十	万	千	百	十	元	角	分		千	百	十	万	千	百	十	元	角	分

附件 张

会计主管 记账 出纳 审核 制单

丙式－28(A) 12×21厘米(W)

（25）

抵债计算机账面资料

原　　值：　5000 元
已提折旧：　2940 元
净　　值：　2060 元

2013.11.5

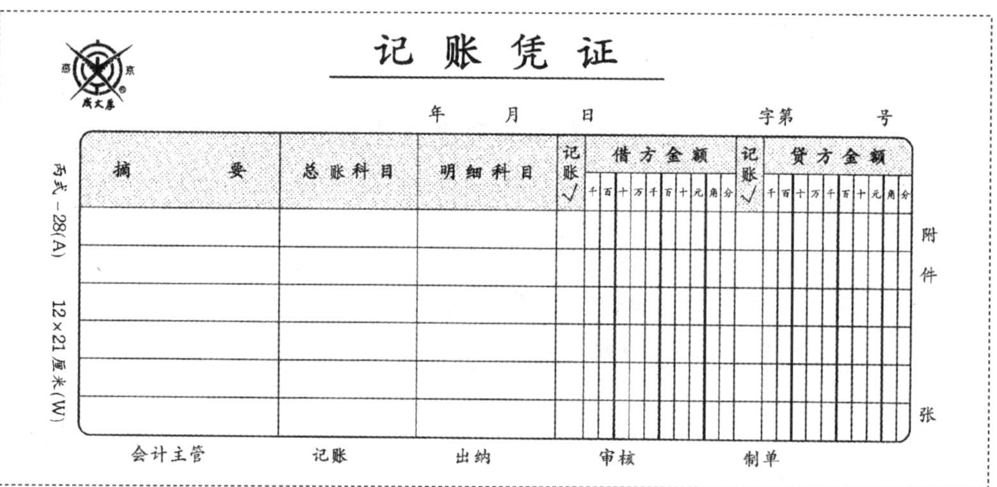

记账凭证

年 月 日 字第 号

摘要	总账科目	明细科目	记账√	借方金额 千百十万千百十元角分	记账√	贷方金额 千百十万千百十元角分

附件 张

会计主管 记账 出纳 审核 制单

丙式－28(A) 12×21厘米(W)

（26）

债务清偿协议

经双方协商同意，方达机械有限公司以计算机一台抵偿欠同道商贸有限公司货款贰仟元整（2000元），结清债权债务。

2013年11月5日

方达机械有限公司：王志宏

同道商贸有限公司：张春华

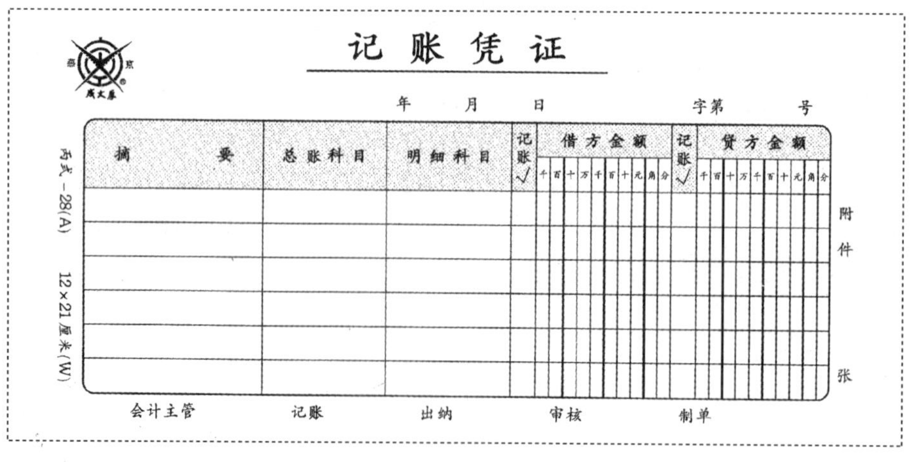

记账凭证

年 月 日 字第 号

摘要	总账科目	明细科目	记账√	借方金额 千百十万千百十元角分	记账√	贷方金额 千百十万千百十元角分

附件 张

会计主管 记账 出纳 审核 制单

丙式－28(A) 12×21厘米(W)

5 实训五 无形资产业务

根据金阳电子有限责任公司下列经济业务的原始凭证，填制记账凭证。

(1)

陕西省西安市服务业、娱乐业、转让无形资产通用发票

发票联

开票日期：2013-10-5　　发票代码 12000054201

付款单位（个人）：金阳电子有限责任公司　　发票号码 5416509

项　目	金　额
技术专利	80000.00
合计金额（元）（大写）：捌万元整	（小写）￥：80000.00
备注：	

收款单位：（盖章有效）长宏科技有限公司　　收款人：王鹏

收款单位税号　614578900136

（印章：长宏科技有限公司 发票专用章）

中国工商银行　电汇凭证（回单）

□普通　□加急　　委托日期 2013 年 10 月 6 日

汇款人	全　称	金阳电子有限责任公司	收款人	全　称	长宏科技有限公司
	账　号	1010147886809295211		账　号	213718590932878
	汇出地点	陕西 省 西安 市/县		汇入地点	陕西 省 西安 市/县
汇出行名称		工行长安路支行	汇入行名称		中行高新区支行

金额	人民币（大写）捌万元整	亿	千	百	十	万	千	百	十	元	角	分
					￥	8	0	0	0	0	0	0

汇出行签章	支付密码	

（印章：中国工商银行 长安路支行 转讫）

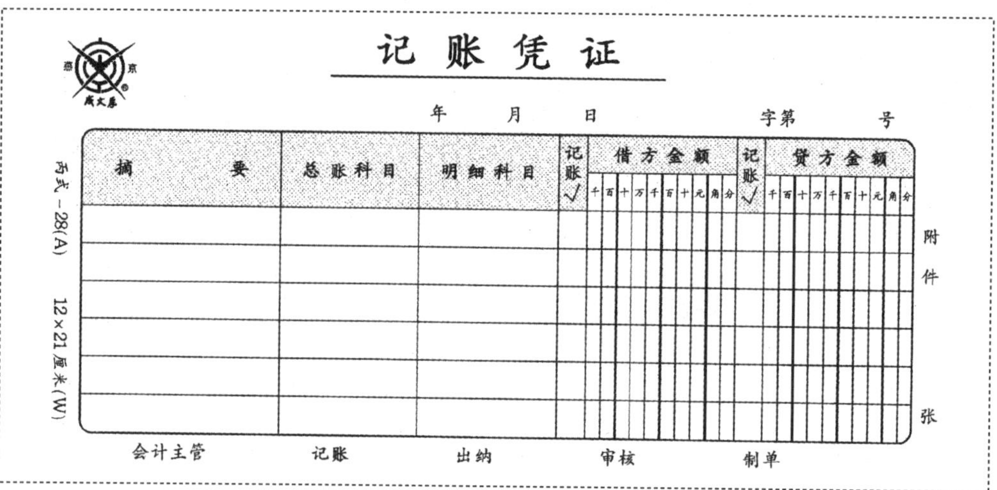

记 账 凭 证

年 月 日　　　　字第　　号

摘 要	总账科目	明细科目	记账√	借方金额	记账√	贷方金额
				千百十万千百十元角分		千百十万千百十元角分

丙式－28(A)　12×21厘米(W)　附件　张

会计主管　记账　出纳　审核　制单

（2）

专利权摊销计算单

专利权价值：80000 元
摊销年限：　5 年
年摊销额= 80000/5=16000 元
月摊销额= 16000/12=1333 元

2013.10.31

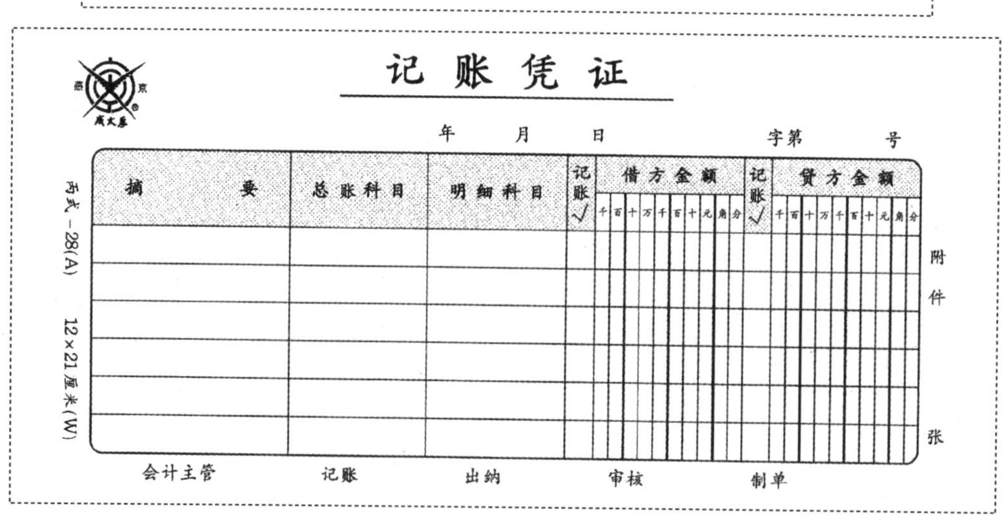

记 账 凭 证

年 月 日　　　　字第　　号

摘 要	总账科目	明细科目	记账√	借方金额	记账√	贷方金额
				千百十万千百十元角分		千百十万千百十元角分

丙式－28(A)　12×21厘米(W)　附件　张

会计主管　记账　出纳　审核　制单

（3）

关于专利技术报废的批复

鉴于本公司专利技术已无经济价值，同意报废。

董事长 王振华

2017.10.12

报废专利技术账面记录

账面原值：80000 元

累计摊销：64000 元

净　　值：16000 元

2017-10-12

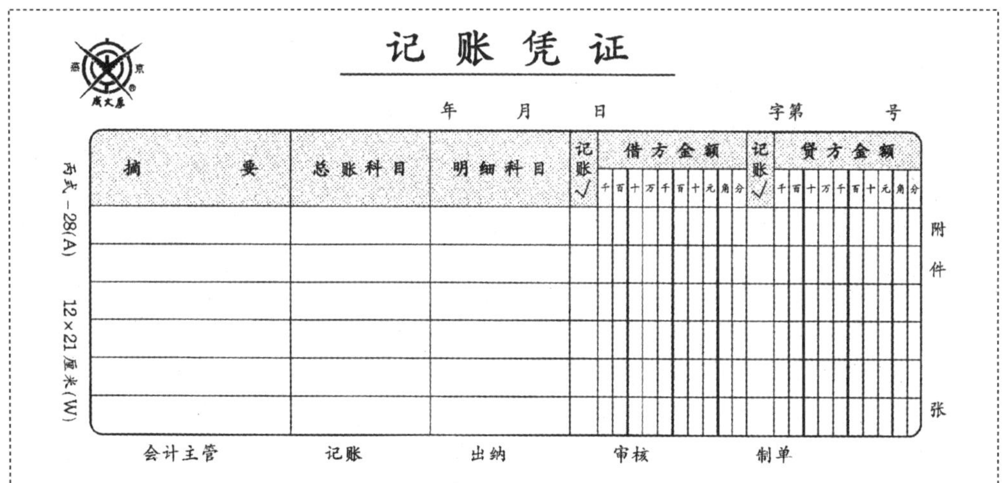

记 账 凭 证

年　月　日　　　　字第　　号

摘　　要	总账科目	明细科目	记账√	借方金额 千	百	十	万	千	百	十	元	角	分	记账√	贷方金额 千	百	十	万	千	百	十	元	角	分

附件　　张

会计主管　　记账　　出纳　　审核　　制单

丙式－28(A)　12×21厘米(W)

(4)

陕西省西安市服务业、娱乐业、转让无形资产通用发票

发票联

开票日期：2013-10-25　　　　发票代码 12000010123

付款单位(个人)：金阳电子有限责任公司　　　　发票号码 5412527

项　目	金　额
商标使用费	8000.00
合计金额（元）（大写）：捌仟元整	（小写）¥：8000.00
备注：	

收款单位：（盖章有效）黄氏科技股份有限公司　　　　收款人：张亮

收款单位税号　614578942439

（印章：黄氏科技股份有限公司 发票专用章）

中国工商银行 电汇凭证（回单）

□普通　□加急　　　委托日期 2013 年 10 月 26 日

汇款人	全称	金阳电子有限责任公司	收款人	全称	黄氏科技股份有限公司
	账号	1010147886809295211		账号	213718590932012
	汇出地点	陕西 省 西安 市/县		汇入地点	陕西 省 西安 市/县
汇出行名称		工行长安路支行	汇入行名称		中行长安区支行

金额	人民币（大写）捌仟元整	亿	千	百	十	万	千	百	十	元	角	分
						¥	8	0	0	0	0	0

汇出行签章	支付密码	

（印章：中国工商银行 长安路支行 转讫）

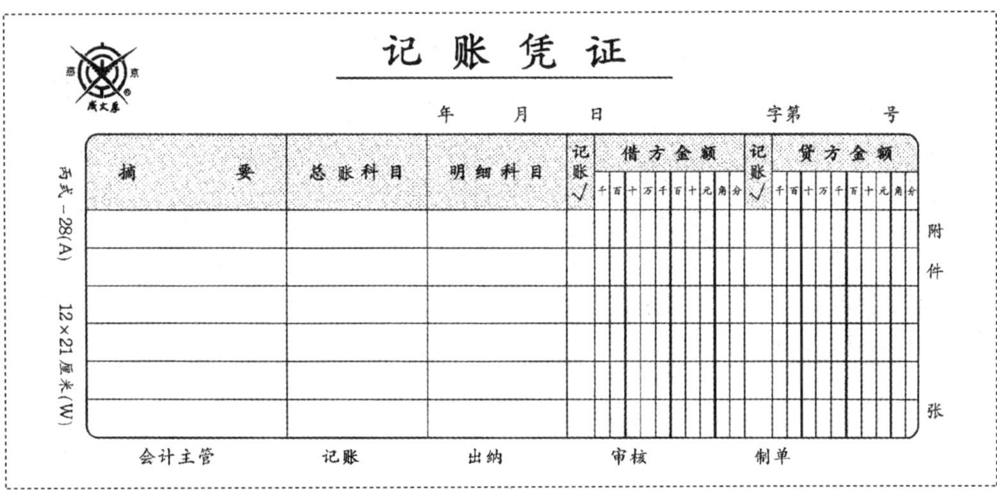

成文厚

记账凭证

年 月 日 字第 号

摘要	总账科目	明细科目	记账√	借方金额（千百十万千百十元角分）	记账√	贷方金额（千百十万千百十元角分）

附件 张

会计主管 记账 出纳 审核 制单

丙式－28(A) 12×21厘米(W)

(5)

转让的土地使用权账面记录

账面原值：100000 元

累计摊销： 10000 元

净 值： 90000 元

陕西省西安市服务业、娱乐业、转让无形资产通用发票

记账联

开票日期：2013-10-25 发票代码 00000035897

付款单位（个人）：宏图科技有限公司 发票号码 3412189

项目	金额
土地使用权	150000.00
合计金额（元）（大写）：壹拾伍万元整	（小写）￥：150000.00
备注：	

收款单位：（盖章有效）金阳电子有限责任公司 收款人：李丽

收款单位税号 614578900258

中国工商银行 进 账 单（收账通知）

2013 年 10 月 28 日

出票人	全称	宏图科技有限公司	收款人	全称	金阳电子有限责任公司
	账号	10106125461200023014		账号	1010147886809295211
	开户银行	建行太华路分理处		开户银行	工行长安路支行

金额	人民币（大写）壹拾伍万元整	亿	千	百	十	万	千	百	十	元	角	分
				¥	1	5	0	0	0	0	0	0

票据种类	支票	票据张数	1
票据号码			

复核 记账

开户银行签章（中国工商银行 长安路支行 转讫）

地方税（费）综合纳税申报表

税务登记证件号码：□□□□□□□□□□ 管理代码：□□□□□□□□

纳税人名称：金阳公司 税款所属时期：2013 年 10 月 1 日至 年 10 月 31 日金额单位：元

税种	税目	征收范围	计税依据	所属时期	计税金额	税(征收)率(%)	应纳税(费)额	减免税(费)额	已纳税额	应补(退)税(费)额
营业税	转让无形资产		收入	10 月	150000.00	5	7500.00			
合计							7500.00			

纳税人或代理人声明：此纳税申报表是根据国家税收法律的规定填报的，我确定它是真实的、可靠的、完整的。	如纳税人填报，由纳税人填写以下各栏：				受理机关（签章）：
	办税人员（签章）	财务负责人（签章）	法定代表人（签章）	联系电话	
	如委托代理人填报，由代理人填写以下各栏：				受理日期：年 月 日
	代理人名称	经办人（签章）	联系电话	代理人（公章）	

记 账 凭 证

年 月 日 字第 号

摘要	总账科目	明细科目	记账√	借方金额	记账√	贷方金额

附件 张

丙式－28(A) 12×21厘米(W)

会计主管 记账 出纳 审核 制单

6 实训六 成本核算业务

1. 长江工业有限公司3月份有关成本核算的资料如下。根据账簿记录计算填写有关原始凭证，再填制记账凭证，并登记生产成本明细账、原材料明细账和库存商品明细账。

（1）先根据原材料明细账记录计算加权平均单价，再填制材料耗用汇总表。

原材料明细账

品名：甲材料　　　　金额单位：元　计量单位：kg

××年		凭证编号	摘要	借方			贷方			余额		
月	日			数量	单价	金额	数量	单价	金额	数量	单价	金额
			月初余额							500	15	7 500
3	5	8	购入	500	15	7 500						
	12	15	购入	1 000	17	17 000						
	20	23	购入	2 000	16	32 000						

原材料明细账

品名：乙材料　　　　金额单位：元　计量单位：kg

××年		凭证编号	摘要	借方			贷方			余额		
月	日			数量	单价	金额	数量	单价	金额	数量	单价	金额
			月初余额							800	20	16 000
3	6	8	购入	2 500	21	52 500						
	15	15	购入	2 000	19	38 000						

品名：丙材料

原材料明细账

金额单位：元
计量单位：kg

××年		凭证编号	摘要	借方			贷方			余额		
月	日			数量	单价	金额	数量	单价	金额	数量	单价	金额
			月初余额							600	5	3 000
3	4	5	购入	3 000	5	15 000						
	10	14	购入	2 000	6	12 000						
	22	28	购入	1 000	6	6 000						

表 6-1　材料耗用汇总表

××年3月

单位：元

用途	甲材料			乙材料			丙材料			金额合计
	数量/kg	单价	金额	数量/kg	单价	金额	数量/kg	单价	金额	
A产品	2 600			2 000			2 500			
B产品	1 000			3 000			3 500			
设备维修							200			
合计	3 600	—		5 000	—		6 200	—		

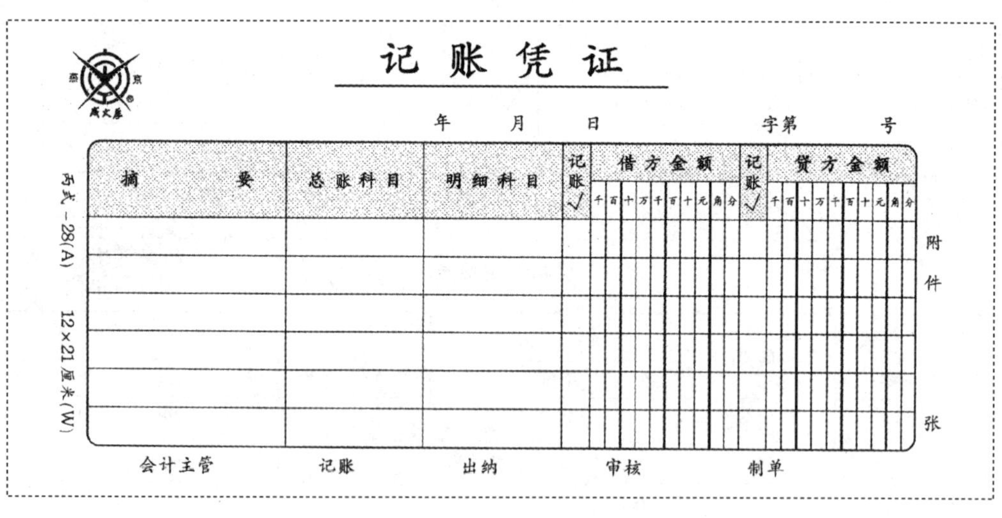

（2）

表6-2　工资结算表

××年3月　　　　单位：元

姓　名	应发工资	扣社会保险金	实发工资	签　领
…	…	…	…	
生产人员小计	50 000	5 500	44 500	
…	…	…	…	
管理人员小计	10 000	1 200	8 800	
…	…	…	…	
销售人员小计	5 000	540	4 460	
总　计	65 000	7 240	57 760	

表6-3　生产工人工资分配表

产　品	生产工时/工时	分配率/(元/工时)	应分配工资额/元
A产品	3 000		
B产品	2 000		
合计	5 000		

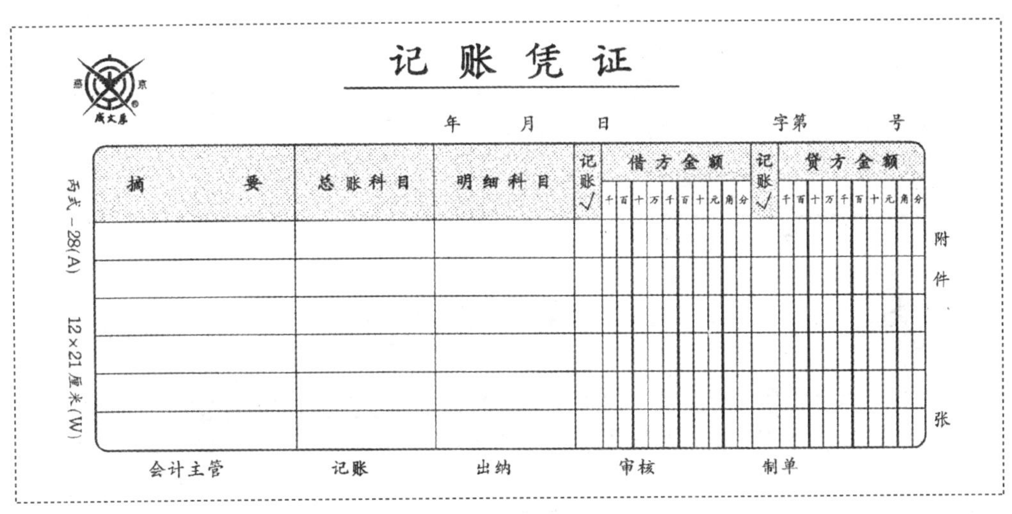

记账凭证

年　月　日　　字第　号

摘　要	总账科目	明细科目	记账√	借方金额	记账√	贷方金额

附件　张

会计主管　记账　出纳　审核　制单

丙式-28(A)　12×21厘米(W)

（3）

表6-4　职工福利费计提表

××年3月　　　　单位：元

职工类别		工资总额	应计提职工福利费(14%)
生产工人	A产品		
	B产品		
管理人员			
销售人员			
合计			

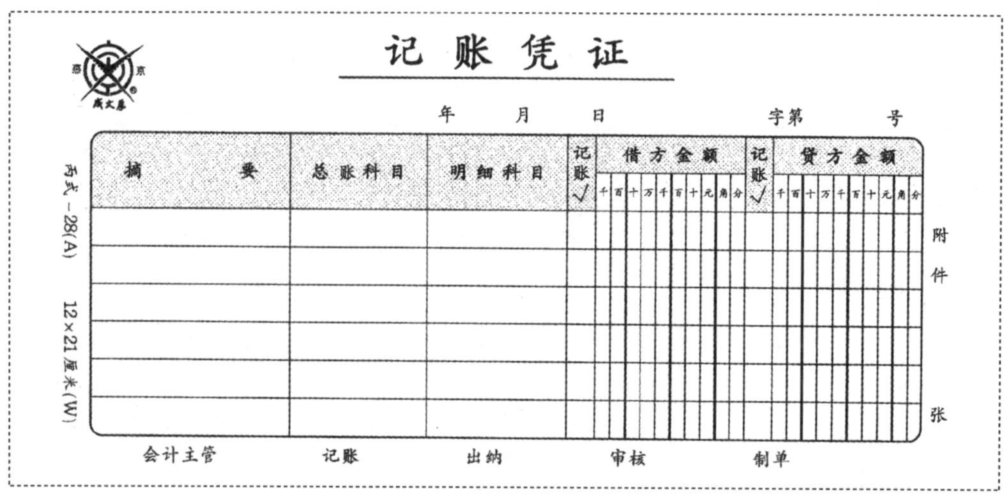

记账凭证

年 月 日 字第 号

摘要	总账科目	明细科目	记账√	借方金额（千 百 十 万 千 百 十 元 角 分）	记账√	贷方金额（千 百 十 万 千 百 十 元 角 分）

附件 张

会计主管 记账 出纳 审核 制单

（4）

表 6-5 社会保险费计提表

××年 3 月

单位：元

职工类别		工资总额	各险种费率合计(30%)	应计提社会保险费
生产工人	A 产品			
	B 产品			
管理人员				
销售人员				
合计				

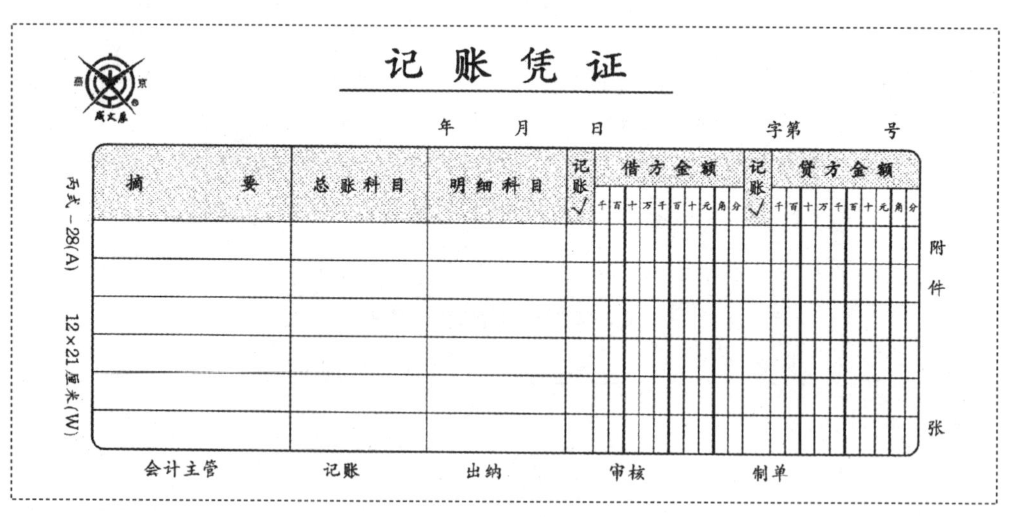

记账凭证

年 月 日 字第 号

摘要	总账科目	明细科目	记账√	借方金额（千 百 十 万 千 百 十 元 角 分）	记账√	贷方金额（千 百 十 万 千 百 十 元 角 分）

附件 张

会计主管 记账 出纳 审核 制单

（5）

表 6-6　职工教育经费计提表

××年 3 月　　　　单位：元

职工类别		工资总额	应计提职工教育经费(2.5%)
生产工人	A 产品		
	B 产品		
管理人员			
销售人员			
合计			

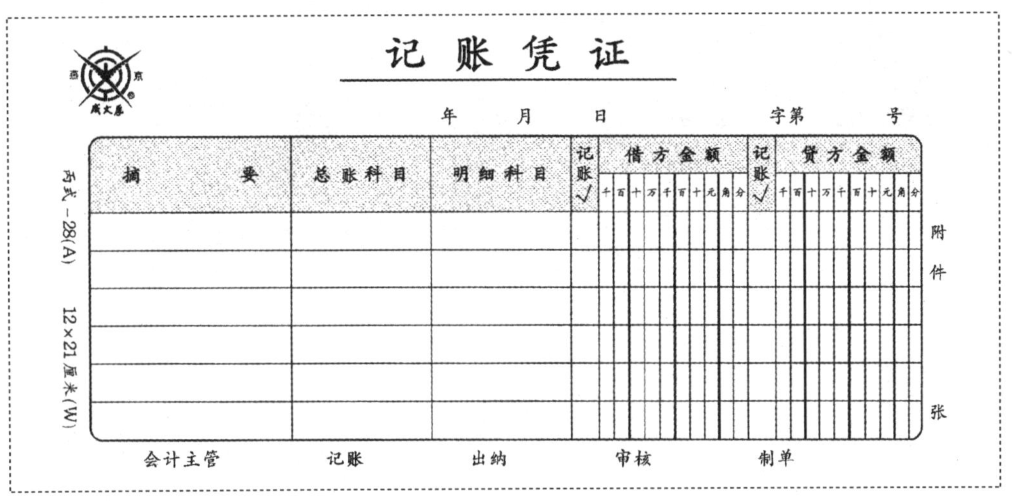

记 账 凭 证

年　月　日　　　　字第　　号

摘要	总账科目	明细科目	记账√	借方金额（千 百 十 万 千 百 十 元 角 分）	记账√	贷方金额（千 百 十 万 千 百 十 元 角 分）

附件　张

会计主管　　记账　　出纳　　审核　　制单

（6）

中国工商银行
转账支票存根
XⅥ00002587

附加信息

出票日期　2013年5月31日

收款人：西安市电力局
金　额：2340.00
用　途：电费

单位主管　　会计

3654210387　　**陕西增值税专用发票**　　No 02383852

发票联　　开票日期：2013年3月31日

购货单位	名　　称：长江工业有限公司 纳税人识别号：150024626475368 地址、电话：西安市长安南路　029-88430215 开户行及账号：工行长安路支行　101014788680922389				密码区	（略）	
货物或应税劳务名称	规格型号	单位	数量	单价	金　额	税率	税　额
电费		度	4000	0.50	2000.00	17%	340.00
合　　计					￥2000.00		￥340.00
价税合计（大写）	贰仟叁佰肆拾元整				（小写）￥2340.00		
销货单位	名　　称：西安市电力局 纳税人识别号：610598146625014 地址、电话：西安市新城区 029-56891236 开户行及账号：中行莲湖路支行　21371859091240				备注		

收款人：　　复核：　　开票人：赵辉　　开票单位：（章）

西安市电力局 发票专用章

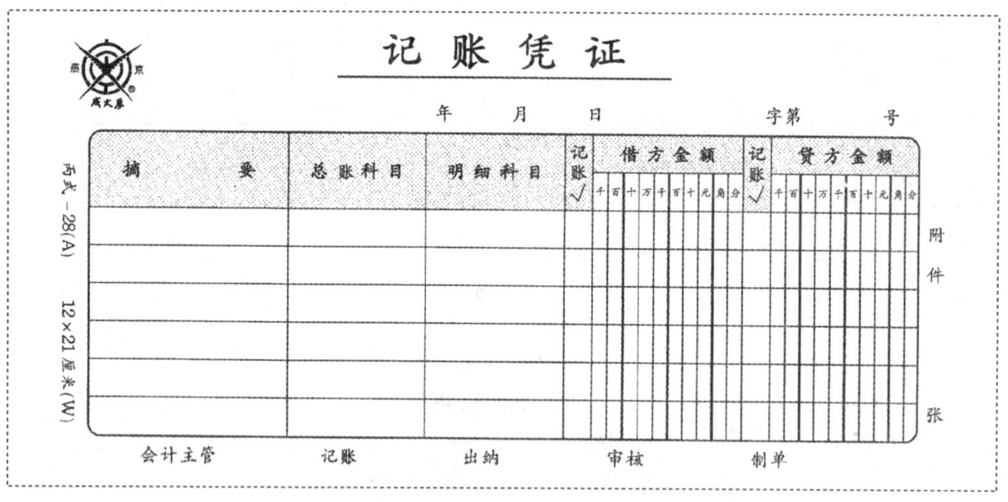

记　账　凭　证

年　　月　　日　　　　字第　　号

摘　　要	总账科目	明细科目	记账√	借方金额	记账√	贷方金额

附件　　张

会计主管　　记账　　出纳　　审核　　制单

（7）劳动保护用品购回直接发给工人。

西安市工商企业普通发票

610102104149　　发　票　联　　国税（02）工商二联

2013年3月12日　　No 0552021

购货单位（人）	名称	长江工业有限公司	地址	西安市长安南路 029-88430215						
品名规格	单位	数量	单价	金额						
				万	千	百	十	元	角	分
手套	双	120	5.00		￥	6	0	0	0	0
肥皂	块	200	2.00		￥	4	0	0	0	0
合计（大写）	壹仟元整			￥	1	0	0	0	0	0
销货单位 名称	朝晖劳动保护用品经销部	纳税人识别号	665567462531125							
销货单位 地址	西安市长安路26号	电话	85699478							

开票人：刘月　　销货单位（章）

现金付出凭证

第二联　交会计

2013年3月12日　　第19号

付给 购劳保用品 款	备注
计人民币（大写）壹仟元整	1000.00元
领款人（签名）葛兆光	

负责人　　会计 张济　　出纳 华美

记账凭证

年　月　日　　字第　号

摘要	总账科目	明细科目	记账√	借方金额	记账√	贷方金额

附件　张

会计主管　　记账　　出纳　　审核　　制单

丙式－28(A)　12×21厘米(W)

（8）

表 6-7　固定资产折旧计提表

2013 年 3 月

固定资产名称	原值/元	净残值/元	应提折旧总额/元	折旧年限/年	月折旧额/元	累计折旧额/元
生产设备	500 000	20 000	480 000	10	4 000	250 000
车间房屋	250 000	10 000	240 000	20	1 000	120 000
生产用小计					5 000	
办公用计算机	5 000	0	5 000	5	83	2 000
办公用打印机	2 000	0	2 000	5	33	1 000
轿车	200 000	10 000	190 000	10	1 583	90 000
管理用小计					1 699	
合计					6 699	

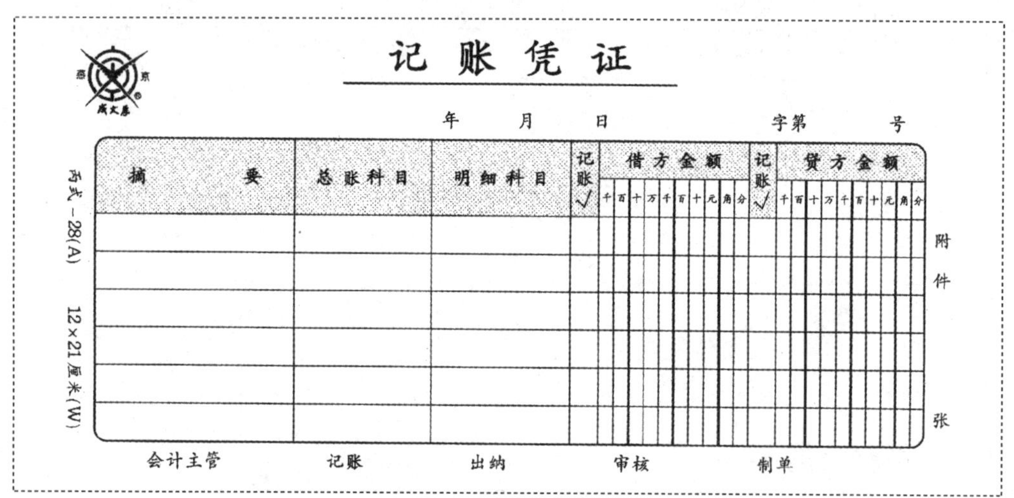

（9）先填写制造费用分配表。

表 6-8　制造费用分配表

××年 3 月

产　　品	生产工时/工时	分配率/（元/工时）	应分配金额/元
合　　计			

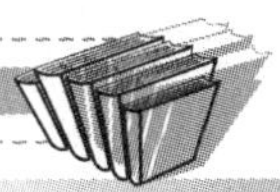

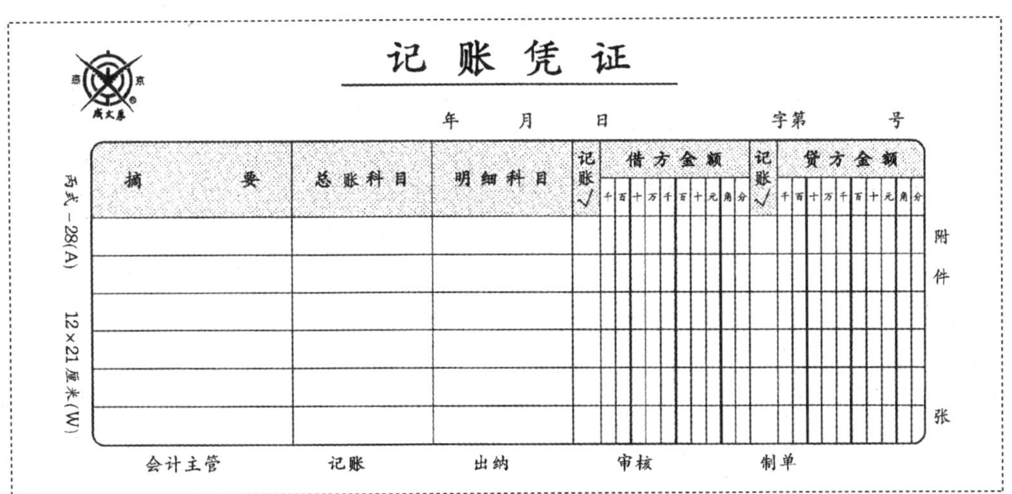

燕京 成文厚

记账凭证

年　月　日　　　　字第　　号

丙式－28(A)　12×21厘米(W)

摘要	总账科目	明细科目	记账√	借方金额										记账√	贷方金额									
				千	百	十	万	千	百	十	元	角	分		千	百	十	万	千	百	十	元	角	分

附件　张

会计主管　　记账　　出纳　　审核　　制单

（10）先根据以上有关记账凭证登记生产成本明细账，再根据生产成本明细账的记录和产品产量，编制产品成本计算单和入库产品汇总表；按入库产品汇总表填制记账凭证，再据以登记生产成本明细账和库存商品明细账。

生产成本明细账

户名：A产品

××年		凭证编号	摘要	成本项目																				
月	日			直接材料							直接人工							制造费用						
				万	千	百	十	元	角	分	万	千	百	十	元	角	分	万	千	百	十	元	角	分

生产成本明细账

户名：B产品

××年		凭证编号	摘要	成本项目																				
				直接材料							直接人工							制造费用						
月	日			万	千	百	十	元	角	分	万	千	百	十	元	角	分	万	千	百	十	元	角	分

产品入库凭证汇总单

2013年3月

品名	单位	数量	备注
A产品	件	1000	
B产品	件	1500	

表6-9 产品成本计算单(一)

产品：　　　　××年3月

项目	直接材料	直接人工	制造费用	合计
生产总成本/元				
完工产量/件				
单位成本/元				

表6-10 产品成本计算单(二)

产品：　　　　××年3月

项目	直接材料	直接人工	制造费用	合计
生产总成本/元				
完工产量/件				
单位成本/元				

表 6-11　入库产品汇总表

产品：　　　　　　　　　　××年3月

产　品	入库数量/件	单价/元	金额/元
合　计			

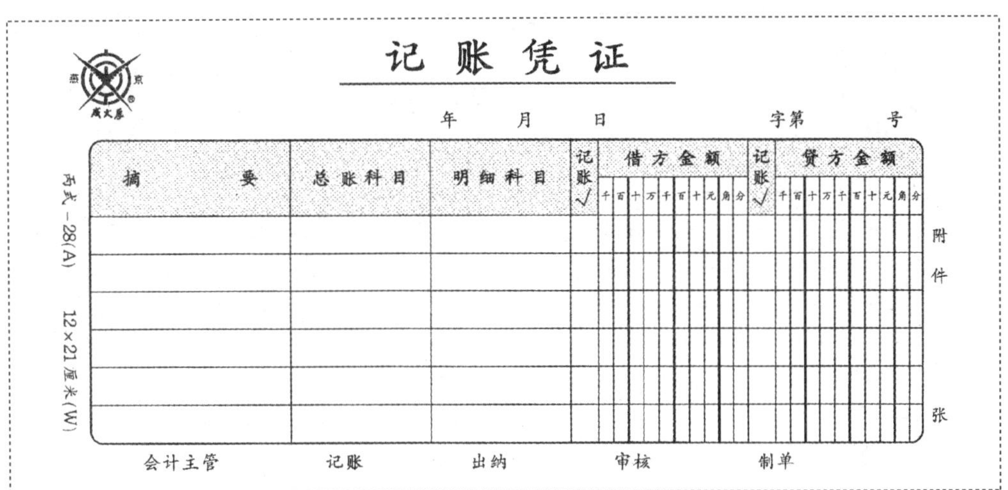

记账凭证

年　月　日　　　字第　号

摘要	总账科目	明细科目	记账√	借方金额 千	百	十	万	千	百	十	元	角	分	记账√	贷方金额 千	百	十	万	千	百	十	元	角	分

附件　张

会计主管　记账　出纳　审核　制单

丙式－28(A)　12×21厘米(W)

库存商品明细账

品名：A产品

××年		凭证号	摘要	借方			贷方			余额		
月	日			数量	单价	金额	数量	单价	金额	数量	单价	金额

库存商品明细账

品名：B产品

××年		凭证号	摘要	借方			贷方			余额		
月	日			数量	单价	金额	数量	单价	金额	数量	单价	金额

2. 某企业生产电连接器系列产品，按价格计算折合系数，以SMA为标准产品，计算编制产品成本结算单，并据以填制记账凭证。

表 6-12　产品成本计算单

产品型号	价格/元	系　　数	实际产量/件	标准产量/件	单位成本/元	总成本/元
SMA	5		5 000			
SMC	6		4 000			
SMG	8		4 000			
SMZ	10		3 000			
合　　计	—		—			88 800

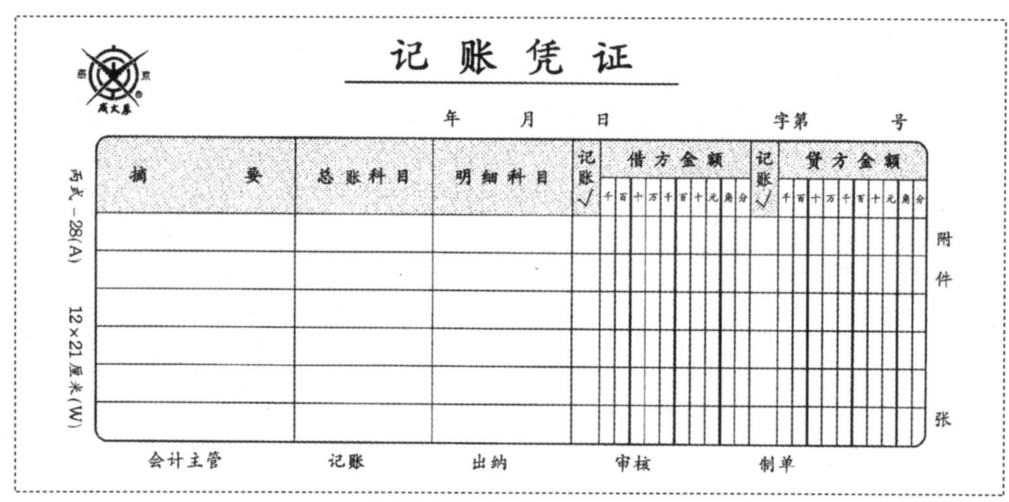

记 账 凭 证

年　月　日　　　　字第　　号

摘　要	总账科目	明细科目	记账√	借方金额 千 百 十 万 千 百 十 元 角 分	记账√	贷方金额 千 百 十 万 千 百 十 元 角 分

附件　　张

丙式－28(A)　12×21厘米(W)

会计主管　　记账　　出纳　　审核　　制单

实训七

销 售 业 务

1. 茂源实业有限公司(增值税一般纳税人)销售业务有关的原始凭证如下，据以填制记账凭证。

(1)

36121457836　陕西增值税专用发票　No 02383891

此联不作为报销、扣税凭证使用　开票日期：2013 年 7 月 5 日

购货单位	名称：中天机械厂 纳税人识别号：150024626475347 地址、电话：西安市长安北路 029-88430525 开户行及账号：中行长安路支行 101014788680922135					密码区	(略)	
货物或应税劳务名称	规格型号	单位	数量	单价		金额	税率	税额
甲产品		件	2000	100.00		200000.00	17%	34000.00
合计						¥200000.00		¥34000.00
价税合计(大写)	贰拾叁万肆仟元整					(小写)¥234000.00		
销货单位	名称：茂源实业有限公司 纳税人识别号：610188146622317 地址、电话：西安市长安区 029-36891286 开户行及账号：工行长安南路支行 213718590913692					备注		

收款人：　复核：　开票人：杜梅和　开票单位：(章)

中国工商银行　进账单　(收账通知)

2013 年 7 月 9 日

出票人	全称	中天机械厂	收款人	全称	茂源实业有限公司
	账号	101014788680922135		账号	213718590913692
	开户银行	中行长安路支行		开户银行	工行长安路支行
金额	人民币(大写)	贰拾叁万肆仟元整		亿千百十万千百十元角分	¥23400000
票据种类	支票	票据张数	壹张		
票据号码	XⅥ00005248				
复核　记账			开户银行签章	中国工商银行 长安路支行 转讫	

记账凭证

年 月 日 字第 号

丙式-28(A) 12×21厘米(W)

摘要	总账科目	明细科目	记账√	借方金额 千百十万千百十元角分	记账√	贷方金额 千百十万千百十元角分

附件 张

会计主管 记账 出纳 审核 制单

(2)

36121457837 **陕西增值税专用发票** No 02383892

此联不作为报销、扣税凭证使用 开票日期：2013年7月8日

购货单位	名称：宏大商贸有限公司 纳税人识别号：15002462647534X 地址、电话：榆林市京开路 0919-88414599 开户行及账号：中行京开路支行 101014788680921235				密码区	（略）	
货物或应税劳务名称	规格型号	单位	数量	单价	金额	税率	税额
乙产品		只	500	20.00	10000.00	17%	1700.00
合计					￥10000.00		￥1700.00
价税合计（大写）	壹万壹仟柒佰元整				（小写）￥11700.00		
销货单位	名称：茂源实业有限公司 纳税人识别号：610188146622317 地址、电话：西安市长安区 029-36891286 开户行及账号：工行长安路支行 213718590913692				备注		

收款人： 复核： 开票人：杜梅和 开票单位:(章)

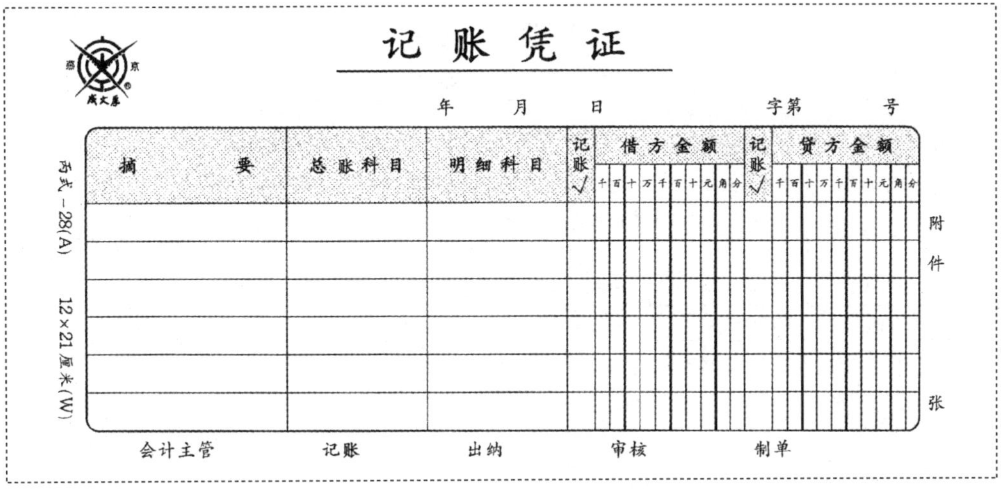

记 账 凭 证

年 月 日 字第 号

摘 要	总账科目	明细科目	记账√	借方金额（千百十万千百十元角分）	记账√	贷方金额（千百十万千百十元角分）

丙式－28(A) 12×21厘米(W)

附件 张

会计主管 记账 出纳 审核 制单

(3)

36121457838 陕西增值税专用发票 No 02383893

此联不作为报销、扣税凭证使用 开票日期：2013年7月15日

购货单位	名称：明远贸易有限公司 纳税人识别号：150024626475013 地址、电话：西安市高新路 029-88412983 开户行及账号：中行大庆路支行 101014788680922202				密码区	（略）	
货物或应税劳务名称	规格型号	单位	数量	单价	金额	税率	税额
乙产品		只	3000	20.00	60000.00	17%	10200.00
合 计					¥60000.00		¥10200.00
价税合计（大写）	柒万零贰佰元整					（小写）¥70200.00	
销货单位	名称：茂源实业有限公司 纳税人识别号：610188146622317 地址、电话：西安市长安区 029-36891286 开户行及账号：工行长安路支行 213718590913692				备注		

收款人： 复核： 开票人：杜梅和 开票单位:(章)

商业承兑汇票　　2　　№00001254

出票日期 贰零壹叁 年 柒 月 壹拾陆 日

付款人	全称	明远贸易有限公司	收款人	全称	茂源实业有限公司
	账号	1010147886809222O2		账号	213718590913692
	开户银行	中行大庆路支行		开户银行	工行长安路支行
出票金额		人民币（大写）柒万零贰佰元整			亿千百十万千百十元角分：¥70200000
汇票到期日		贰零壹叁 年 玖 月 壹拾陆 日	付款人开户行	行号	1010147
交易合同号码		M2012-13		地址	西安市大庆路38号
本汇票已经承兑，到期无条件支付票款。承兑人签章　承兑日期 贰零壹叁 年 柒 月 壹拾陆 日			本汇票请予以承兑于到期日付款。出票人签章		

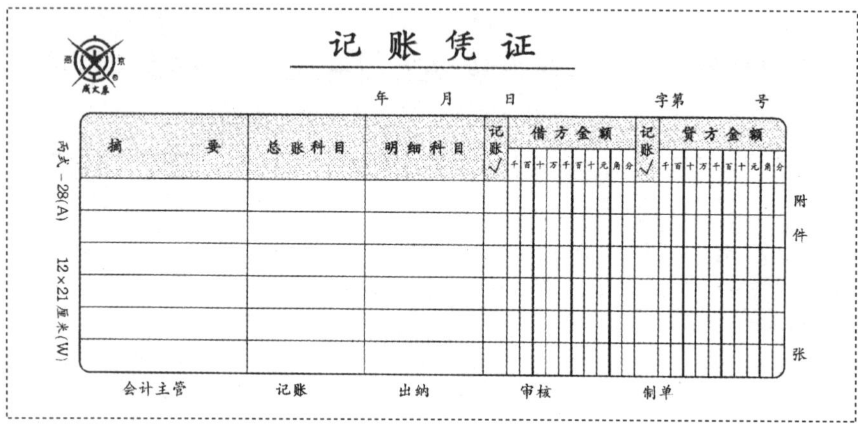

记 账 凭 证

年　月　日　　字第　号

摘要	总账科目	明细科目	记账√	借方金额（千百十万千百十元角分）	记账√	贷方金额（千百十万千百十元角分）

丙式-28(A)　12×21厘米(W)　附件　张

会计主管　记账　出纳　审核　制单

（4）

中国人民银行 支付系统专用凭证　陕 26-00559758

2013 年 07 月 20 日

付款人开户行账号：101014788680921235　　付款人名称：宏大商贸有限公司

收款人开户行账号：213718590913692　　收款人名称：茂源实业有限公司

付款人开户行行号：302791025138　　收款人开户行行号：103791013064

发起行行号：302791025138　　发起行名称：中行京开路支行

接收行行号：103791013064　　接收行名称：工行长安路支行

币种：RMB 人民币　　交易金额：11700.00

大写金额：壹万壹仟柒佰元整

用途：付货款

报单日期：20130720　　支付交易序号：2　　业务种类：汇兑—普通汇兑

交易种类：大额　　入账日志号：

（印章：中国工商银行长安路支行 业务办讫章）

第二联　客户入账通知　　会计　　复核　　记账

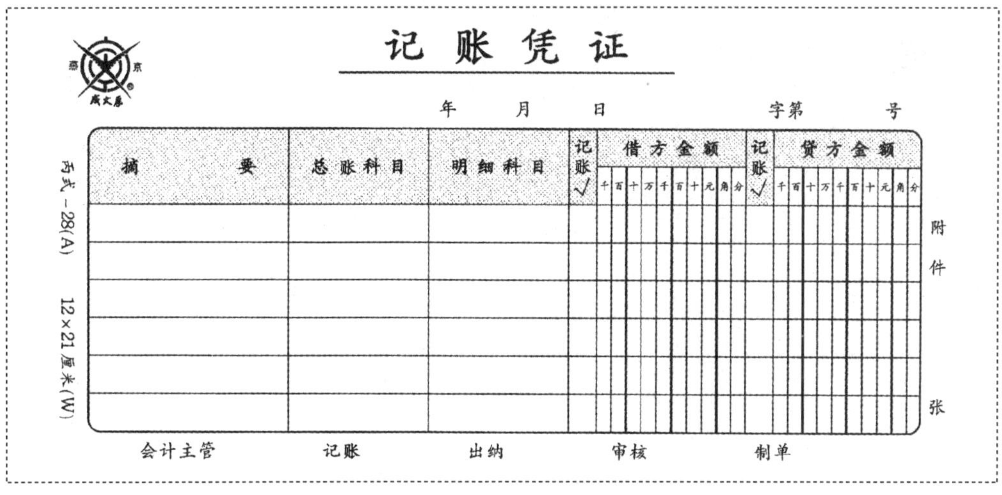

(5)

托收凭证 (收账通知) 4

委托日期 2013 年 9 月 16 日 付款期限 2013 年 9 月 26 日

<table>
<tr><td>业务类型</td><td colspan="6">委托收款（□邮划、□电划） 托收承付（□邮划、☑电划）</td></tr>
<tr><td rowspan="3">付款人</td><td>全称</td><td colspan="3">明远贸易有限公司</td><td rowspan="3">收款人</td><td>全称</td><td colspan="3">茂源实业有限公司</td></tr>
<tr><td>账号</td><td colspan="3">101014788680922202</td><td>账号</td><td colspan="3">213718590913692</td></tr>
<tr><td>地址</td><td>陕西省西安 市/县</td><td>开户行</td><td>中行大庆路支行</td><td>地址</td><td>陕西省西安 市/县</td><td>开户行</td><td>工行长安路支行</td></tr>
<tr><td rowspan="2">金额</td><td colspan="6" rowspan="2">人民币（大写）柒万零贰佰元整</td><td colspan="3">亿 千 百 十 万 千 百 十 元 角 分</td></tr>
<tr><td colspan="3">¥ 7 0 2 0 0 0 0</td></tr>
<tr><td>款项内容</td><td colspan="2">货款</td><td>托收凭据名称</td><td colspan="2">商业汇票</td><td colspan="2">附寄单证张数</td><td colspan="2">1</td></tr>
<tr><td>商品发运情况</td><td colspan="4">已发送</td><td colspan="3">合同名称号码</td><td colspan="2">商品买卖合同28号</td></tr>
<tr><td colspan="4">备注：
复核 记账</td><td colspan="6">上列款项已划回收入你方账户内。
收款人开户银行签章
2013 年 9 月 18 日
中国工商银行长安路支行 转讫</td></tr>
</table>

记 账 凭 证

丙式－28(A) 12×21厘米(W)

年 月 日 字第 号

摘 要	总账科目	明细科目	记账√	借方金额										记账√	贷方金额								
				千	百	十	万	千	百	十	元	角	分		千	百	十	万	千	百	十	元	角	分

附件 张

会计主管 记账 出纳 审核 制单

（6）发票未开。

实 物 出 库 凭 证

领物单位：诚信工贸有限公司 2013年 7月12日 字第17号

品名	数量	单位	单价	金额									备考
				百	十	万	千	百	十	元	角	分	
丙产品	2000	件	15		￥	3	0	0	0	0	0	0	
合计	叁万元整						30000.00						

负责人： 会计： 保管：程艳 领物人：李志华

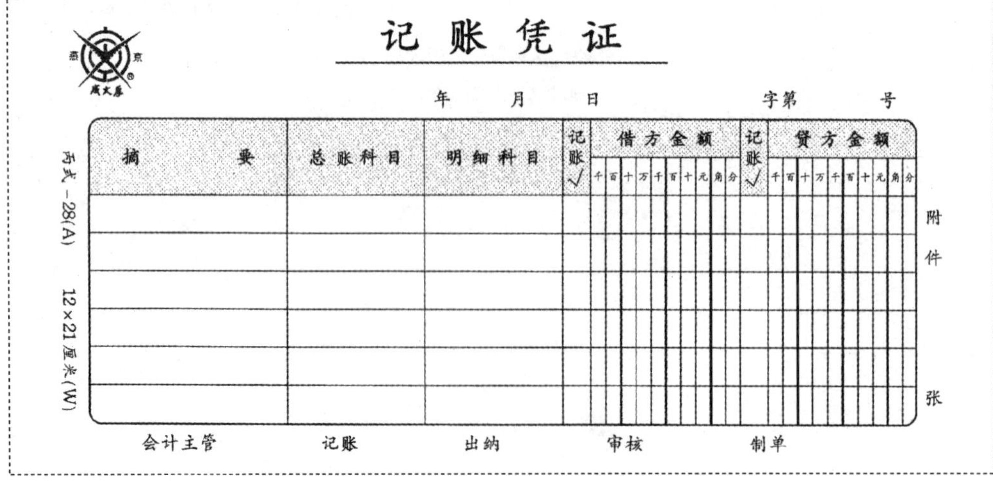

记 账 凭 证

丙式－28(A) 12×21厘米(W)

年 月 日 字第 号

摘 要	总账科目	明细科目	记账√	借方金额										记账√	贷方金额								
				千	百	十	万	千	百	十	元	角	分		千	百	十	万	千	百	十	元	角	分

附件 张

会计主管 记账 出纳 审核 制单

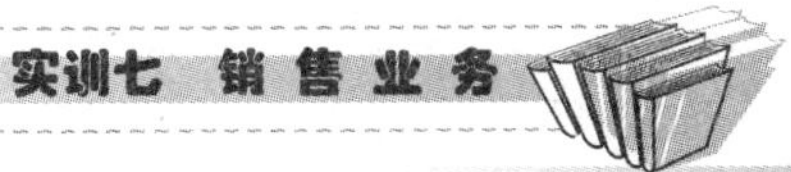

(7)

中国工商银行 进 账 单 （收账通知）

2012 年 8 月 10 日

出票人	全　称	诚信工贸有限公司	收款人	全　称	茂源实业有限公司
	账　号	101014788680910458		账　号	213718590913692
	开户银行	建行太白路支行		开户银行	工行长安路支行
金额	人民币（大写）	肆万陆仟捌佰元整		亿千百十万千百十元角分	￥4680000
票据种类	支票	票据张数	壹张		
票据号码	X Ⅵ00003507				
	复核　记账			开户银行签章	中国工商银行 长安路支行 转讫

36121452784　陕西增值税专用发票　No 02383894

此联不作为报销、扣税凭证使用　开票日期：2013 年 8 月 3 日

购货单位	名　称：诚信工贸有限公司 纳税人识别号：150024626425487 地址、电话：西安市太白南路 029-88430149 开户行及账号：建行太白路支行 101014788680910458				密码区	（略）	
货物或应税劳务名称	规格型号	单位	数量	单价	金额	税率	税额
丙产品		件	2000	20.00	40000.00	17%	6800.00
合　计					￥40000.00		￥6800.00
价税合计（大写）	肆万陆仟捌佰元整				（小写）￥46800.00		
销货单位	名　称：茂源实业有限公司 纳税人识别号：610188146622317 地址、电话：西安市长安区 029-36891286 开户行及账号：工行长安路支行 213718590913692				备注		

收款人：　复核：　开票人：杜梅和　开票单位：（章）

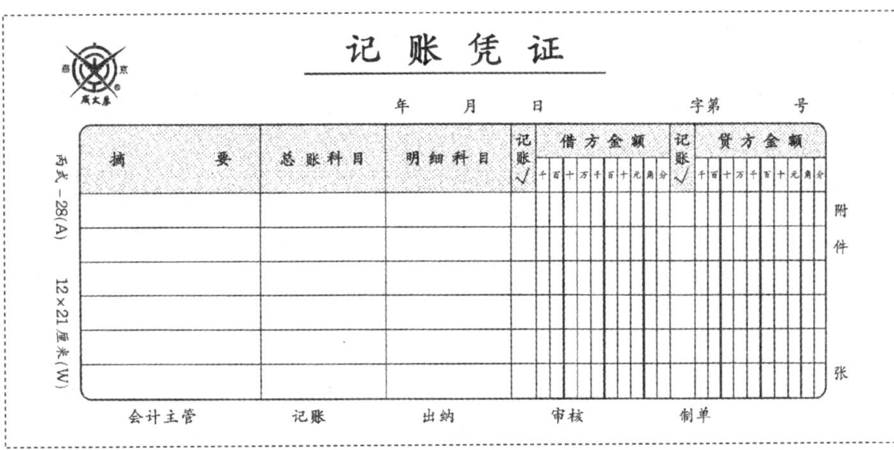

记 账 凭 证

年 月 日　字第 号

摘要	总账科目	明细科目	记账√	借方金额（千百十万千百十元角分）	记账√	贷方金额（千百十万千百十元角分）

附件 张

会计主管　记账　出纳　审核　制单

丙式-28(A)　12×21厘米(W)

（8）

2013年7月12日产品出库单第17号

发给诚信工贸有限公司丙产品2000件，单位成本15元，总成本30000元，未开发票。现在发票已开，结转销售成本。

2013.8.10

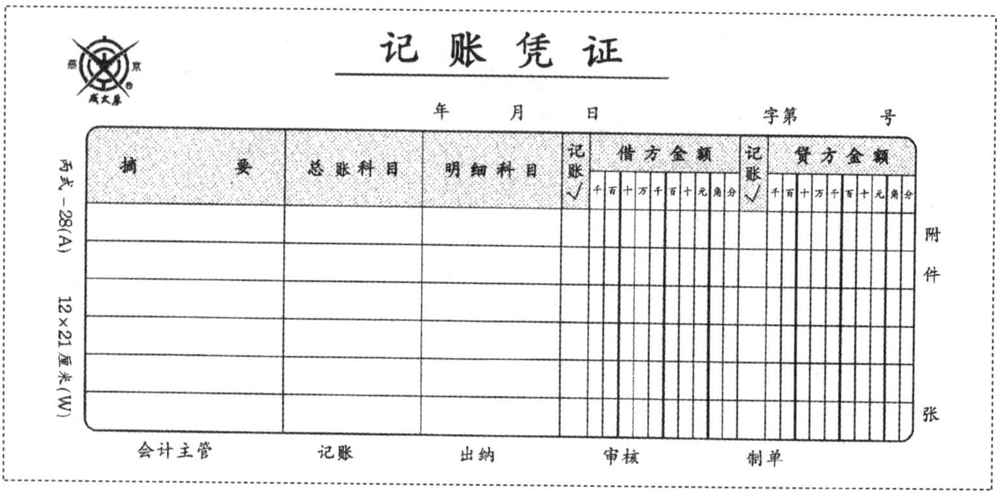

记 账 凭 证

年 月 日 字第 号

摘要	总账科目	明细科目	记账√	借方金额（千 百 十 万 千 百 十 元 角 分）	记账√	贷方金额（千 百 十 万 千 百 十 元 角 分）

附件 张

会计主管 记账 出纳 审核 制单

丙式－28(A) 12×21厘米(W)

（9）

中国工商银行 进 账 单 （收账通知）

2013年7月23日

出票人	全称	光大商业有限公司	收款人	全称	茂源实业有限公司
	账号	101014788680910321		账号	213718590913692
	开户银行	建行解放路支行		开户银行	工行长安路支行
金额	人民币（大写）	壹万元整		亿 千 百 十 万 千 百 十 元 角 分	¥ 1 0 0 0 0 0 0
票据种类	支票	票据张数 壹张	预收货款		
票据号码	XVI00001250				
	复核 记账		开户银行签章		

中国工商银行 长安路支行 转讫

记账凭证

年 月 日 字第 号

摘要	总账科目	明细科目	记账√	借方金额	记账√	贷方金额

附件 张

会计主管 记账 出纳 审核 制单

丙式－28(A) 12×21厘米(W)

(10)

36121452785 **陕西增值税专用发票** No 02383895

此联不作为报销、扣税凭证使用 开票日期：2013年8月2日

购货单位	名称：光大商业有限公司 纳税人识别号：150024626425012 地址、电话：西安市太白南路 029-88430107 开户行及账号：建行解放路支行 101014788680910321					密码区	（略）
货物或应税劳务名称	规格型号	单位	数量	单价	金额	税率	税额
甲产品		件	100	200.00	20000.00	17%	3400.00
合计					￥20000.00		￥3400.00
价税合计（大写）	贰万叁仟肆佰元整					（小写）￥23400.00	
销货单位	名称：茂源实业有限公司 纳税人识别号：610188146622317 地址、电话：西安市长安区 029-36891286 开户行及账号：工行长安路支行 213718590913692					备注	

收款人： 复核： 开票人：杜梅和 开票单位：（章）

中国工商银行 进账单 （收账通知）

2013 年 8 月 5 日

出票人	全　　称	光大商业有限公司	收款人	全　　称	茂源实业有限公司
	账　　号	101014788680910321		账　　号	213718590913692
	开户银行	建行解放路支行		开户银行	工行长安路支行

金额	人民币（大写）	亿	千	百	十	万	千	百	十	元	角	分
	贰万叁仟肆佰元整				¥	2	3	4	0	0	0	0

票据种类	支票	票据张数	壹张
票据号码	XⅥ00001251		

复核　　记账

中国工商银行 长安路支行 转讫

开户银行签章

记 账 凭 证

成文厚

年　月　日　　　字第　　号

丙式－28(A)　12×21厘米(W)

摘要	总账科目	明细科目	记账√	借方金额 千	百	十	万	千	百	十	元	角	分	记账√	贷方金额 千	百	十	万	千	百	十	元	角	分

附件　　张

会计主管　　记账　　出纳　　审核　　制单

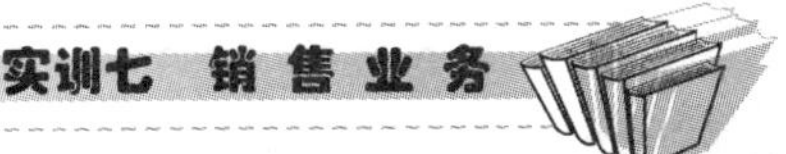

(11)

36121452786 **陕西增值税专用发票** No 02383896

此联不作为报销、扣税凭证使用 开票日期：2013 年 8 月 5 日

购货单位	名称：三鑫科技有限公司 纳税人识别号：1500246203425893 地址、电话：西安市自强路 029-88430254 开户行及账号：农行自强路支行 301014700680901459	密码区	（略）

货物或应税劳务名称	规格型号	单位	数量	单价	金额	税率	税额
甲产品		件	750	200.00	150000.00	17%	25500.00
合计					￥150000.00		￥25500.00
价税合计（大写）	壹拾柒万伍仟伍佰元整						（小写）￥175500.00

销货单位	名称：茂源实业有限公司 纳税人识别号：610188146622317 地址、电话：西安市长安区 029-36891286 开户行及账号：工行长安路支行 213718590913692	备注	

收款人： 复核： 开票人：杜梅和 开票单位：（章）

记账凭证

年 月 日 字第 号

丙式-28(A) 12×21厘米(W)

摘要	总账科目	明细科目	记账√	借方金额	记账√	贷方金额

附件 张

会计主管 记账 出纳 审核 制单

（12）

36121452787　　陕西增值税专用发票　　№ 02383897

此联不作为报销、扣税凭证使用　　开票日期：2013年9月4日

购货单位	名　　称：三鑫科技有限公司 纳税人识别号：1500246203425893 地 址、电 话：西安市自强路　029-88430254 开户行及账号：农行自强路支行　301014700680901459					密码区	（略）		
货物或应税劳务名称		规格型号	单位	数量	单价	金额		税率	税额
甲产品			件	750	-10.00	-7500.00		17%	-1275.00
合　　计						¥-7500.00			¥-1275.00
价税合计（大写）		（负）捌仟柒佰柒拾伍元整						（小写）¥-8775.00	
销货单位	名　　称：茂源实业有限公司 纳税人识别号：610188146622317 地 址、电 话：西安市长安区 029-36891286 开户行及账号：工行长安路支行　213718590913692					备注			

收款人：　　复核：　　开票人：杜梅和　　开票单位：（章）

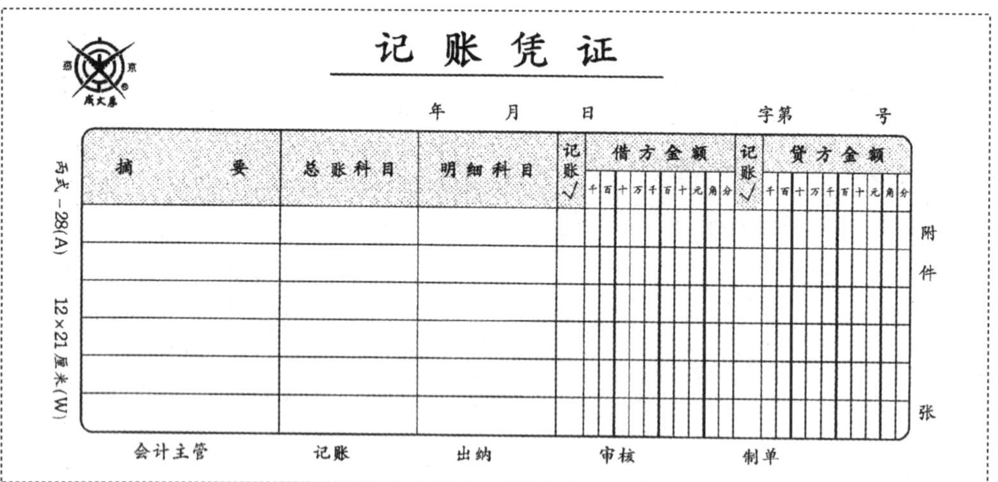

记 账 凭 证

年　月　日　　　　字第　　号

摘要	总账科目	明细科目	记账√	借方金额（千百十万千百十元角分）	记账√	贷方金额（千百十万千百十元角分）

附件　　张

会计主管　　记账　　出纳　　审核　　制单

丙式－28(A)　12×21厘米(W)

（13）

36121452788　陕西增值税专用发票　No 02383898

此联不作为报销、扣税凭证使用　开票日期：2013 年 8 月 5 日

购货单位	名　　称：胜达制造有限公司 纳税人识别号：1500246203420129 地 址、电 话：西安市明光路 029-88430098 开户行及账号：中行明光路支行 201014700680901367					密码区	（略）
货物或应税劳务名称	规格型号	单位	数量	单价	金额	税率	税额
乙产品		件	10000	20.00	200000.00	17%	34000.00
合　　计					¥200000.00		¥34000.00
价税合计（大写）	贰拾叁万肆仟元整					（小写）¥234000.00	
销货单位	名　　称：茂源实业有限公司 纳税人识别号：610188146622317 地 址、电 话：西安市长安区 029-36891286 开户行及账号：工行长安路支行 213718590913692					备注	

收款人：　　复核：　　开票人：杜梅和　　开票单位：（章）

中国工商银行　进 账 单　（收账通知）

2012 年 8 月 8 日

出票人	全　称	胜达制造有限公司	收款人	全　称	茂源实业有限公司
	账　号	201014700680901367		账　号	213718590913692
	开户银行	中行明光路支行		开户银行	工行长安路支行

金额	人民币（大写）贰拾叁万肆仟元整	亿	千	百	十	万	千	百	十	元	角	分
				¥	2	3	4	0	0	0	0	0

票据种类	支票	票据张数	壹张
票据号码	X VI00003502		

复核　　记账　　　　开户银行签章

中国工商银行 长安路支行 转讫

记 账 凭 证

年　月　日　　　　字第　　号

摘　要	总账科目	明细科目	记账√	借方金额（千百十万千百十元角分）	记账√	贷方金额（千百十万千百十元角分）

丙式－28(A)　12×21厘米(W)　　附件　张

会计主管　　记账　　出纳　　审核　　制单

(14)

36121452789　陕西增值税专用发票　No 02383899

此联不作为报销、扣税凭证使用　开票日期：2013年8月20日

购货单位	名　称：胜达制造有限公司 纳税人识别号：1500246203420129 地址、电话：西安市明光路　029-88430098 开户行及账号：中行明光路支行　201014700680901367				密码区	（略）		
货物或应税劳务名称		规格型号	单位	数量	单价	金额	税率	税额
乙产品			件	10000	-20.00	-200000.00	17%	-34000.00
合　计						￥-200000.0		￥-34000.00
价税合计（大写）		（负）贰拾叁万肆仟元整					（小写）￥-234000.00	
销货单位	名　称：茂源实业有限公司 纳税人识别号：610188146622317 地址、电话：西安市长安区 029-36891286 开户行及账号：工行长安路支行　213718590913692				备注			

收款人：　　复核：　　开票人：杜梅和　　开票单位：（章）

中国工商银行
转账支票存根
X VI00001268

附加信息

出票日期 2013 年 8 月 20 日

收款人：胜达制造有限公司
金 额：234000.00
用 途：退货款

单位主管 会计

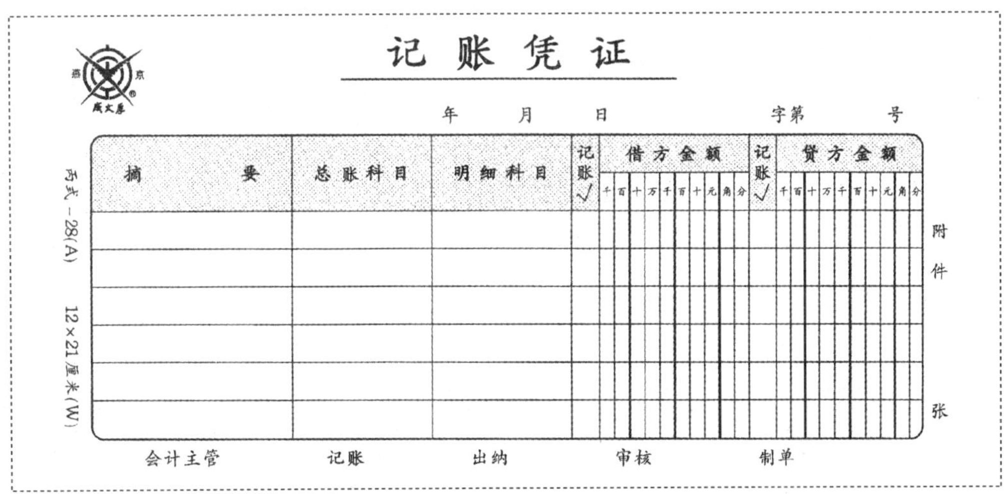

记账凭证

年 月 日 字第 号

摘要	总账科目	明细科目	记账√	借方金额	记账√	贷方金额

附件 张

会计主管 记账 出纳 审核 制单

丙式－28(A) 12×21厘米(W)

（15）先计算填写销售成本。

表 7-1 产品销售成本计算表

品 名	单 位	销 售 量	平均单位成本/元	销售成本/元
甲产品	件	60 000	20	
乙产品	只	13 000	40	
丙产品	个	8 000	50	
合 计	—	—	—	

记账凭证

年　月　日　　　　字第　号

摘要	总账科目	明细科目	记账√	借方金额 千百十万千百十元角分	记账√	贷方金额 千百十万千百十元角分

丙式－28(A)　12×21厘米(W)

附件　张

会计主管　记账　出纳　审核　制单

(16)

361214527909　陕西增值税专用发票　No 02383900

此联不作为报销、扣税凭证使用　开票日期：2013年8月23日

购货单位	名称：天元机械有限公司 纳税人识别号：150024620342368 1 地址、电话：西安市文艺路　029-88431136 开户行及账号：工行文艺路支行　201002800680902801	密码区	（略）

货物或应税劳务名称	规格型号	单位	数量	单价	金额	税率	税额
丙产品		个	200	-120.0	-24000.00	17%	-4080.00
合计					￥-24000.0		￥-4080.00
价税合计（大写）	（负）贰万捌仟零捌拾元整				（小写）￥-28080.00		

销货单位	名称：茂源实业有限公司 纳税人识别号：610188146622317 地址、电话：西安市长安区 029-36891286 开户行及账号：工行长安路支行　213718590913692	备注	

收款人：　复核：　开票人：杜梅和　开票单位：（章）

中国工商银行

转账支票存根

XⅥ00001269

附加信息

出票日期 2013 年 8 月 23 日

收款人：天元机械有限公司
金　额：28080.00
用　途：退货款

单位主管　　　　会计

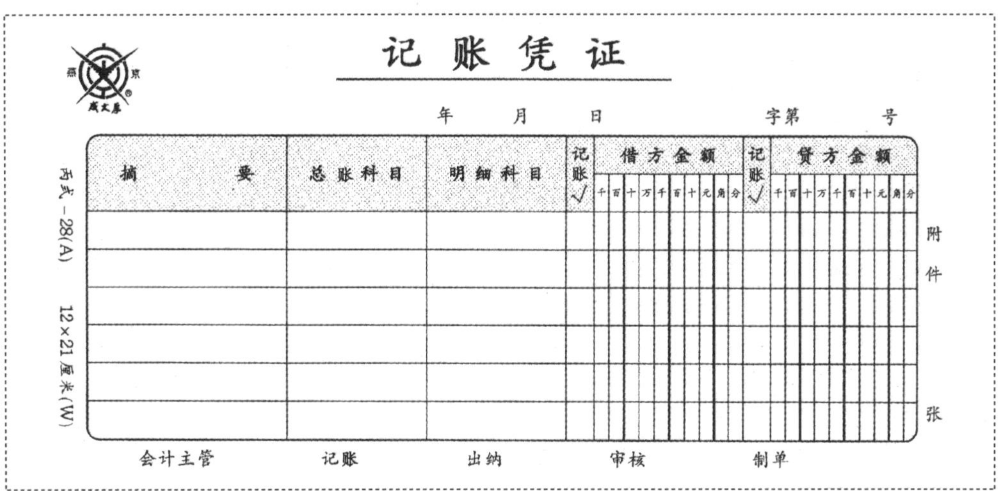

记 账 凭 证

年　　月　　日　　　　　　　　字第　　　　号

摘　　要	总账科目	明细科目	记账√	借方金额										记账√	贷方金额									
				千	百	十	万	千	百	十	元	角	分		千	百	十	万	千	百	十	元	角	分

丙式－28(A)　12×21厘米(W)

附件　　张

会计主管　　　记账　　　出纳　　　审核　　　制单

（17）

实 物 入 库 凭 证

交物单位：天元机械有限公司　2013年8月23日　　　　字第17号

品名	数量	单位	单价	金额									备考
				百	十	万	千	百	十	元	角	分	
丙产品	200	个	48.00			¥	9	6	0	0	0	0	退货
合计	玖仟陆佰元整												

负责人：　　　会计：　　　保管：程艳　　　交物人：李志华

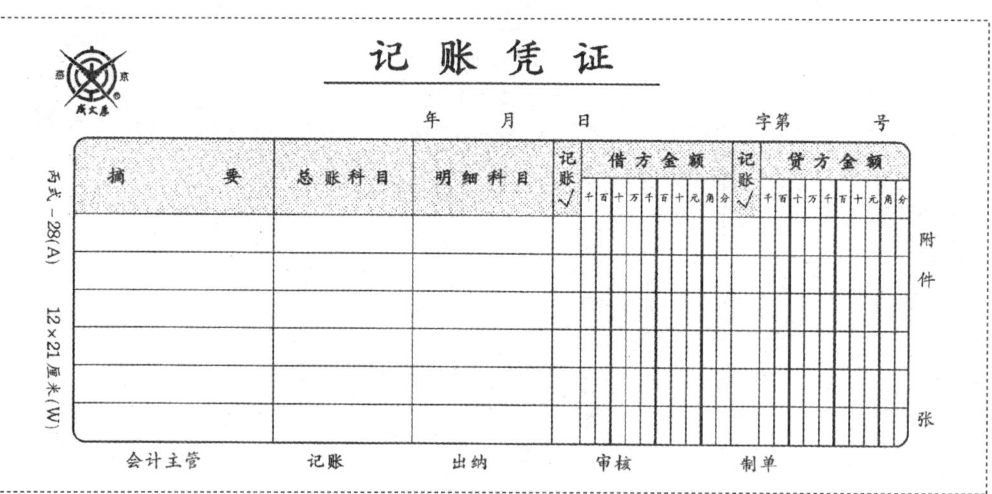

记 账 凭 证

年 月 日 字第 号

摘 要	总账科目	明细科目	记账√	借方金额（千 百 十 万 千 百 十 元 角 分）	记账√	贷方金额（千 百 十 万 千 百 十 元 角 分）

丙式－28(A) 12×21厘米(W)

附件 张

会计主管 记账 出纳 审核 制单

（18）

361214527910 **陕西增值税专用发票** No 02383901

此联不作为报销、扣税凭证使用 开票日期：2013年8月25日

购货单位	名称：商海工业有限公司 纳税人识别号：150024620342384 3 地址、电话：西安市星火路 029-88431129 开户行及账号：中行星火路支行 201014700680928541				密码区	（略）		
货物或应税劳务名称	规格型号	单位	数量	单价	金额	税率	税额	
B材料		kg	2000	10.00	20000.00	17%	3400.00	
合　　计					￥20000.00		￥3400.00	
价税合计（大写）	贰万叁仟肆佰元整					（小写）￥234000.00		
销货单位	名称：茂源实业有限公司 纳税人识别号：610188146622317 地址、电话：西安市长安区 029-36891286 开户行及账号：工行长安路支行 213718590913692				备注			

收款人： 复核： 开票人：杜梅和 开票单位：（章）

中国工商银行 进账单 （收账通知）

2013 年 8 月 28 日

出票人	全 称	商海工业有限公司	收款人	全 称	茂源实业有限公司
	账 号	201014700680928541		账 号	213718590913692
	开户银行	中行星火路支行		开户银行	工行长安路支行

金额	人民币（大写） 贰万叁仟肆佰元整	亿	千	百	十	万	千	百	十	元	角	分
					¥	2	3	4	0	0	0	0

票据种类	支票	票据张数	壹张
票据号码	XVI00004259		

复核 记账

中国工商银行 长安路支行 转讫 开户银行签章

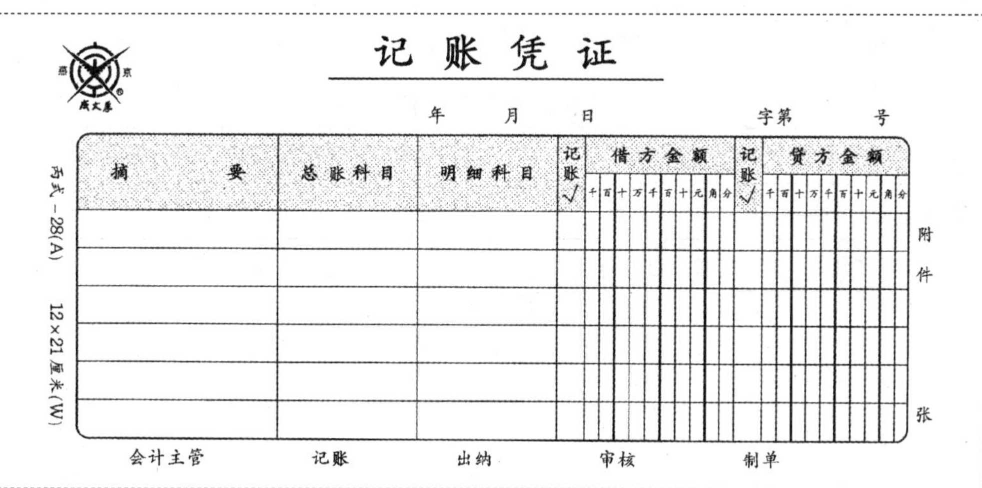

记 账 凭 证

年 月 日 字第 号

摘 要	总账科目	明细科目	记账√	借方金额 千 百 十 万 千 百 十 元 角 分	记账√	贷方金额 千 百 十 万 千 百 十 元 角 分

附件 张

会计主管 记账 出纳 审核 制单

丙式－28(A) 12×21厘米(W)

(19)

实 物 出 库 凭 证

领物单位：商海工业有限公司 2013年 8月25日 字第 11 号

品名	数量	单位	单价	金额 百	十	万	千	百	十	元	角	分	备考
B材料	2000	kg	9.00		¥	1	8	0	0	0	0	0	销售
合计	壹万捌仟元整			18000.00									

负责人： 会计： 保管：郭涛 领物人：李能

记账凭证

年 月 日 字第 号

摘要	总账科目	明细科目	记账√	借方金额 千	百	十	万	千	百	十	元	角	分	记账√	贷方金额 千	百	十	万	千	百	十	元	角	分

附件 张

丙式－28(A) 12×21厘米(W)

会计主管 记账 出纳 审核 制单

(20)

贴现凭证（收账通知）

2013年8月1日

<table>
<tr><td rowspan="3">申请人</td><td>名称</td><td colspan="2">茂源实业有限公司</td><td rowspan="3">贴现汇票</td><td>种类</td><td colspan="2">商业承兑</td><td>号码</td><td>Sc02327</td></tr>
<tr><td>账号</td><td colspan="2">213718590913692</td><td>发票日</td><td colspan="4">2013年7月1日</td></tr>
<tr><td>开户银行</td><td colspan="2">工行长安路支行</td><td>到期日</td><td colspan="4">2013年11月1日</td></tr>
<tr><td colspan="2">汇票承兑人</td><td>名称</td><td>华达科技有限公司</td><td>账号</td><td colspan="2">824031694035</td><td>开户银行</td><td colspan="2">工行北京光明路支行</td></tr>
</table>

汇票金额	人民币（大写）贰拾万元整	千	百	十	万	千	百	十	元	角	分
			¥	2	0	0	0	0	0	0	0

贴现率（每月）	6.67‰	贴现利息	万	千	百	十	元	角	分	实付贴现金额	百	十	万	千	百	十	元	角	分
			¥	4	0	0	0	0	0		¥	1	9	6	0	0	0	0	0

上列款项已入你单位账户 此致 银行盖章 2013年8月1日 （印章：中国工商银行 长安路支行 转讫）	备注：

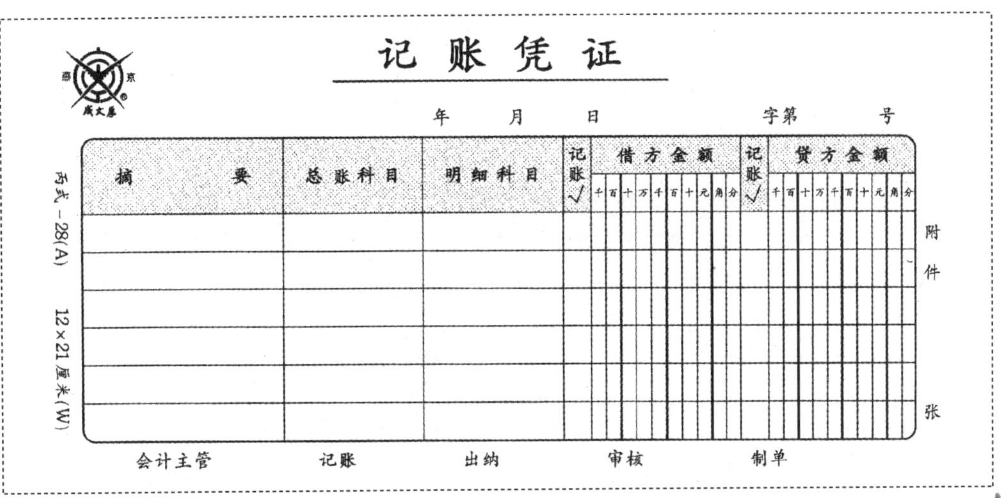

记账凭证

年 月 日 字第 号

摘要	总账科目	明细科目	记账√	借方金额	记账√	贷方金额

附件 张

会计主管 记账 出纳 审核 制单

丙式-28(A) 12×21厘米(W)

2. 利达机械有限公司接受红光工业有限公司来料加工丙产品500件，加工过程中有关的原始凭证如下，请据以填制记账凭证。

（1）

表7-2 生产工人工资分配表

产　　品	生产工时/工时	分配率/(元/工时)	应分配工资额/元
甲产品	1 000	4	4 000
乙产品	1 000	4	4 000
丙产品	500	4	2 000
合计	2 500	4	10 000

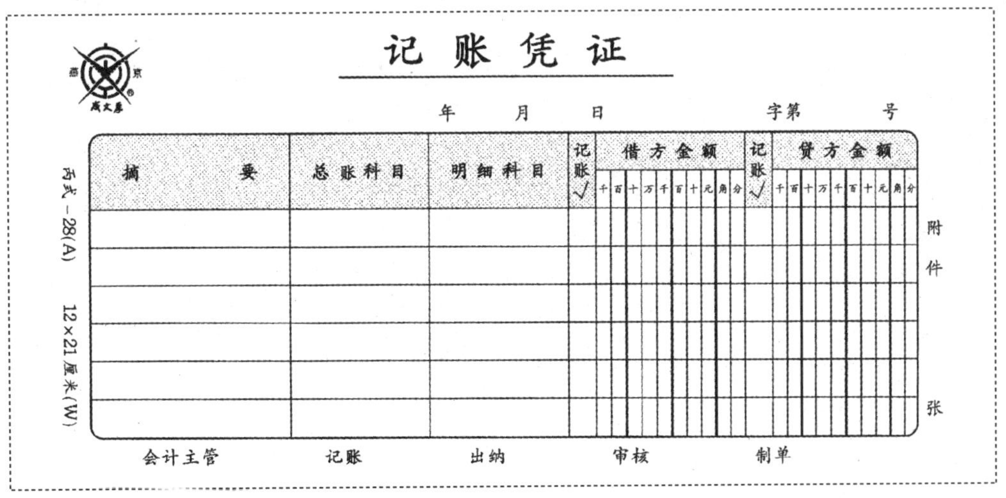

记账凭证

年 月 日 字第 号

摘要	总账科目	明细科目	记账√	借方金额	记账√	贷方金额

附件 张

会计主管 记账 出纳 审核 制单

丙式-28(A) 12×21厘米(W)

（2）

实 物 出 库 凭 证

领物单位：生产车间　　2013年 7月10日　　　　字第14号

品名	数量	单位	单价	金额									备考
				百	十	万	千	百	十	元	角	分	
D材料	1000	kg	20		¥	2	0	0	0	0	0	0	丁产品用
合计	贰万元整					20000.00							

负责人：　　会计：　　保管：张克辉　　领物人：吴天

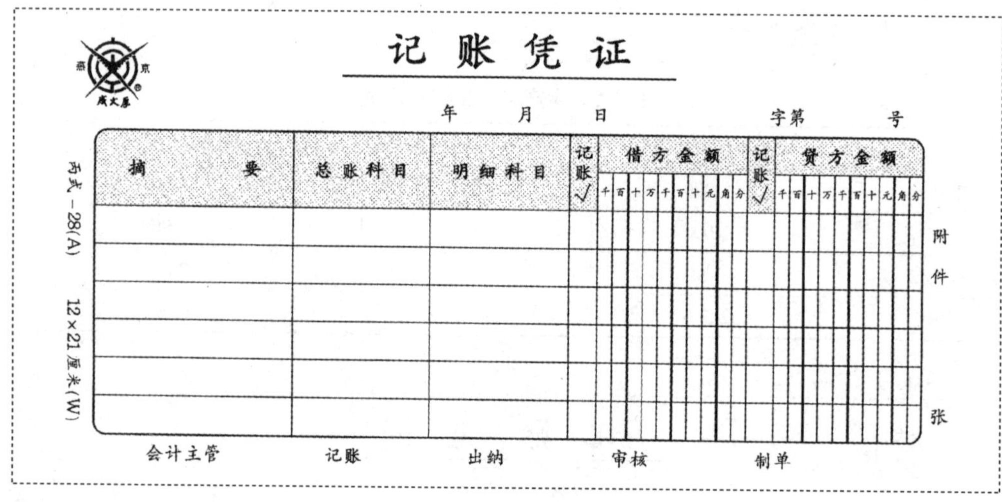

记 账 凭 证

年　月　日　　字第　号

摘要	总账科目	明细科目	记账√	借方金额	记账√	贷方金额

附件　张

会计主管　　记账　　出纳　　审核　　制单

（3）

表7-3　制造费用分配表

2013年7月

产　品	生产工时/工时	分配率/(元/工时)	应分配金额/元
甲产品	1 000	1	1 000
乙产品	1 000	1	1 000
丙产品	500	1	500
合计	2 500	1	2 500

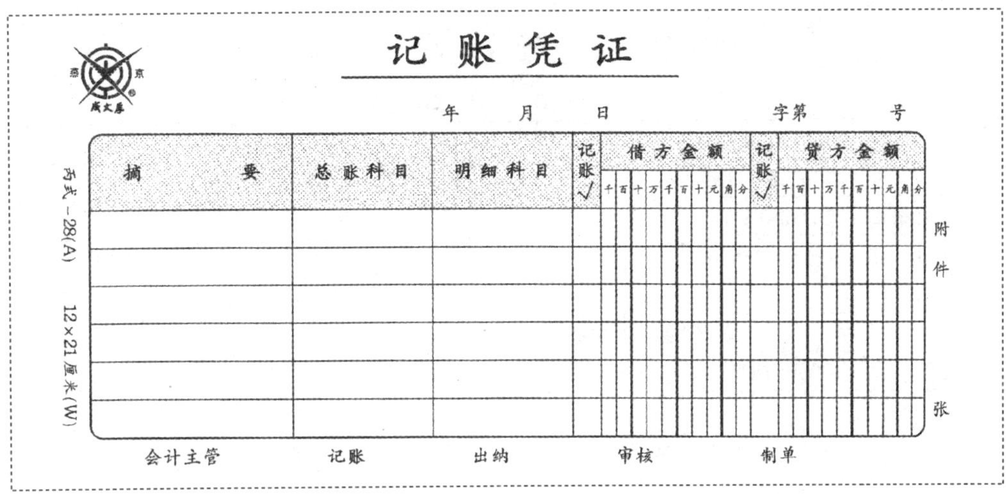

记账凭证

年 月 日 字第 号

摘要	总账科目	明细科目	记账√	借方金额	记账√	贷方金额

附件 张

会计主管 记账 出纳 审核 制单

（4）

361214527520 **陕西增值税专用发票** No 02385874

此联不作为报销、扣税凭证使用 开票日期：2013年7月24日

购货单位	名称：红光工业有限公司 纳税人识别号：150024626498024 地址、电话：西安市莲湖路 029-88415088 开户行及账号：建行莲湖路支行 201014788680923981					密码区	（略）	
货物或应税劳务名称	规格型号	单位	数量	单价	金额	税率	税额	
来料加工		件	500	10.00	5000.00	17%	850.00	
合计					¥5000.00		¥850.00	
价税合计（大写）	伍仟捌佰伍拾元整				（小写）¥5850.00			
销货单位	名称：利达机械有限公司 纳税人识别号：610188146622289 地址、电话：西安市长安北路 029-36891036 开户行及账号：工行长安路支行 21371859095883					备注		

收款人： 复核： 开票人：王蒙 开票单位：（章）

中国工商银行　进 账 单　（收账通知）

2013 年　7 月　28　日

出票人	全　　称	红光工业有限公司	收款人	全　　称	利达机械有限公司
	账　　号	201014788680923981		账　　号	21371859095883
	开户银行	建行莲湖路支行		开 户 银 行	工行长安路支行
金额	人 民 币（大写）	伍仟捌佰伍拾元整		亿千百十万千百十元角分	¥ 5 8 5 0 0 0
票据种类	支票	票据张数	壹张		
票据号码	XⅥ000087212				
复核　记账			开户银行签章		

中国工商银行 长安路支行 转讫

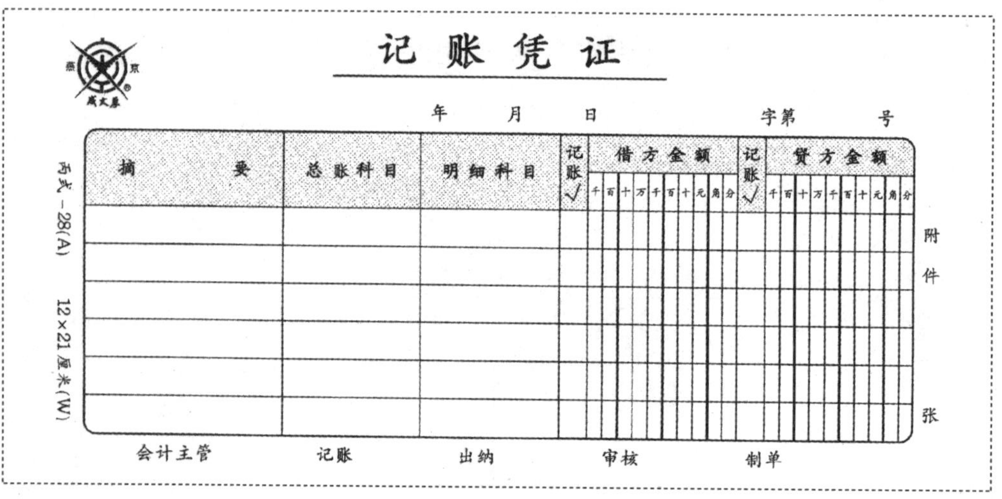

记 账 凭 证

年　月　日　字第　号

摘　要	总账科目	明细科目	记账√	借方金额	记账√	贷方金额

附件　张

会计主管　记账　出纳　审核　制单

（5）先根据以上业务的数据填写成本计算单。

表 7-4　产品成本计算单

产品：来料加工丙产品　　2013 年 7 月

项　目	直接材料	直 接 人 工	制 造 费 用	合　计
生产总成本(元)				
完工产量(件)				
单位成本(元)				

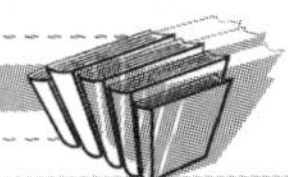

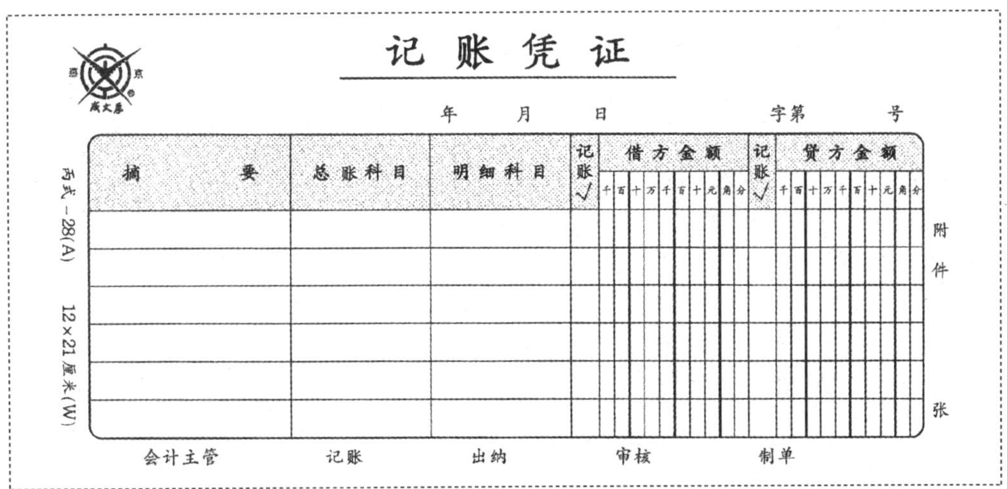

记 账 凭 证

年　月　日　　　　字第　　号

摘要	总账科目	明细科目	记账√	借方金额										记账√	贷方金额									
				千	百	十	万	千	百	十	元	角	分		千	百	十	万	千	百	十	元	角	分

丙式－28(A)　12×21厘米(W)

附件　张

会计主管　记账　出纳　审核　制单

3. 群星工贸有限公司为增值税小规模纳税人，根据其下列原始凭证填制记账凭证。

(1)

西安市工商企业普通发票

610402104586　　记 账 联　　国税（02）工商二联

2013年7月8日　　No 0 352638

购货单位（人）	名称	米高实业有限公司	地址	西安市西五路68号 电话 8823302						
品名规格	单位	数量	单价	金额						
				万	千	百	十	元	角	分
甲产品	件	800	30	2	4	0	0	0	0	0
合计（大写）	贰万肆仟元整			2	4	0	0	0	0	0
销货单位	名称	群星工贸有限公司	纳税人识别号	765567462531801						
	地址	西安市太白路36号	电话	029-83269908						

开票人：刘明　　销货单位（章）

中国工商银行　进 账 单　（收账通知）

2013 年　7 月　10　日

出票人	全　称	米高实业有限公司	收款人	全　称	群星工贸有限公司
	账　号	1010147886809021487		账　号	21371859091352
	开户银行	中行咸宁路支行		开户银行	工行长安路支行
金额	人民币（大写）	贰万肆仟元整			¥2400000
票据种类	支票	票据张数	壹张		
票据号码	XVI00004021				
	复核　记账			开户银行签章	

中国工商银行 长安路支行 转讫

记 账 凭 证

年　月　日　　字第　号

丙式－28(A)　12×21厘米(W)

摘　要	总账科目	明细科目	记账√	借方金额	记账√	贷方金额

附件　张

会计主管　记账　出纳　审核　制单

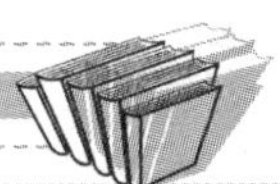

(2)

361214527013 陕西增值税专用发票（代开）No 02385801

此联不作为报销、扣税凭证使用　开票日期：2013年7月29日

购货单位	名　　称：东华工业有限公司 纳税人识别号：150024626498330 地址、电话：西安市南二环路　029-88410112 开户行及账号：建行小寨支行　201014788680924451					密码区	（略）	
货物或应税劳务名称		规格型号	单位	数量	单价	金额	税率	税额
乙产品			件	1000	20.00	20000.00	3%	600.00
合计						¥20000.00		¥600.00
价税合计（大写）		贰万零陆佰元整				（小写）¥20600.00		
销货单位	名　　称：群星工贸有限公司 纳税人识别号：765567462531801 地址、电话：西安市太白路36号 029-83269908 开户行及账号：工行长安路支行　21371859091352					备注		

收款人：　　复核：　　开票人：周行　　开票单位：（章）

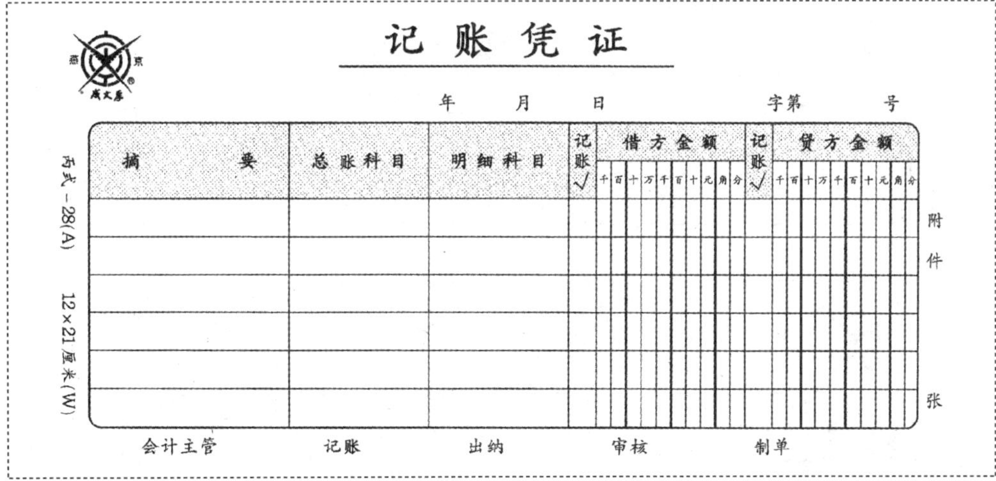

记账凭证

年　月　日　　字第　号

摘要	总账科目	明细科目	记账√	借方金额（千百十万千百十元角分）	记账√	贷方金额（千百十万千百十元角分）

附件　张

会计主管　记账　出纳　审核　制单

丙式-28(A)　12×21厘米(W)

（3）

2013年7月含税销售额应交增值税计算单

含税销售额合计：85000 元
不含税销售额=85000/（1+3%）=82524.27 元
应交增值税=82524.27×3%=2475.73 元

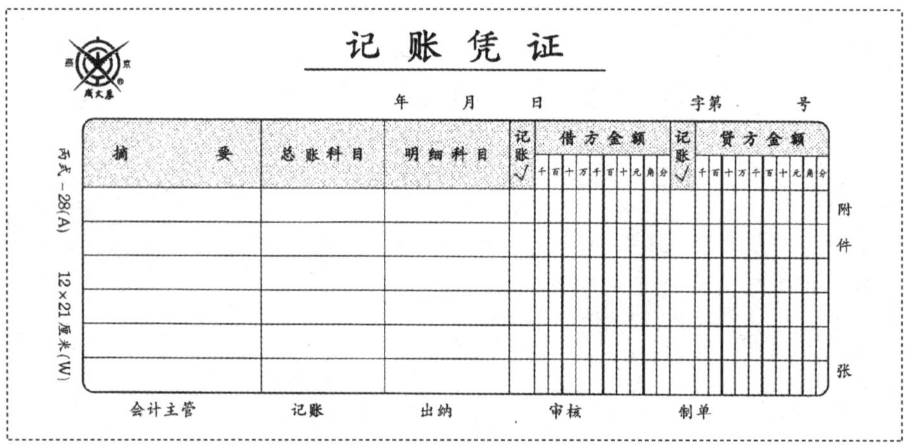

（4）先计算销售成本，并填表。

表 7-5 产品销售成本计算表

品　　名	销售量/件	平均单位成本/元	销售成本/元
甲产品	3 000	10	
乙产品	5 000	8	
合　　计	—	—	

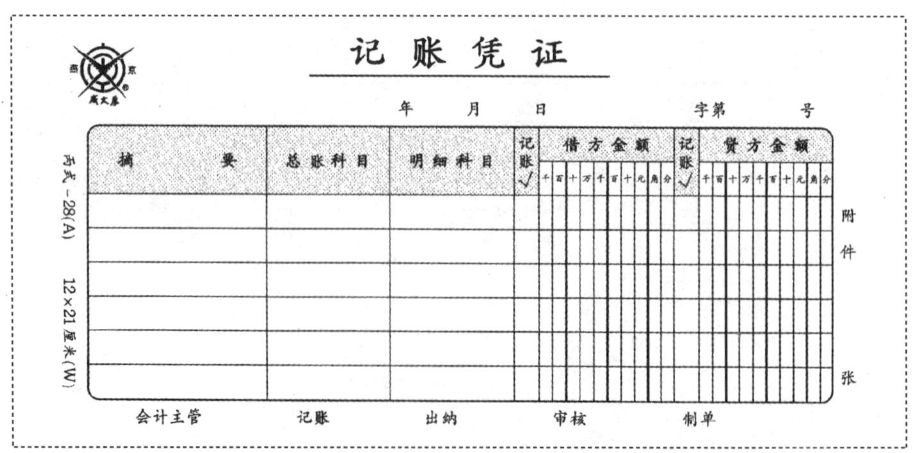

4. 安东食品有限责任公司当月销项税额共计 8 000 元，可抵扣进项税额共计 5 000 元，企业位于市区。根据下列有关缴税的原始凭证填制记账凭证。

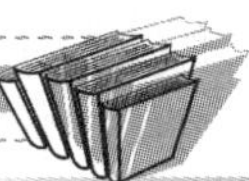

（1）

中华人民共和国

税收通用缴款书

隶属关系：（20061）陕国缴电 0160298 号

经济类型：其他有限责任公司　填发日期 2013 年 8 月 10　征收机关：高新区国税局

缴款单位	代码	610102659671728	预算科目	编码	101010194
	全称	安东食品有限责任公司		名称	股份制企业增值税
	开户银行	工行长安路支行		级次	中央 75%省 7.5%市 12.25%区 5.25%
	账号	101014788680920025		收缴国库	西安市长安区支库
税款所属时期 2012 年 7 月 1 日至 2012 年 7 月 31 日			税款限交日期 2012 年 8 月 15 日		

品目名称	课税数量	计税金额或销售收入	税率或单位税额	已缴或扣除额	实缴金额
增值税		47058.82	17%	￥5000.00	￥3000.00
金额合计	（大写）人民币叁仟元整				￥3000.00
缴款单位（人）（盖章） 经办人（章）	税务机关（盖章） 填票人（章）	上列税款已收妥并划转收款单位帐户 国库（银行）盖章 2013 年 8 月 11 日		备注：	

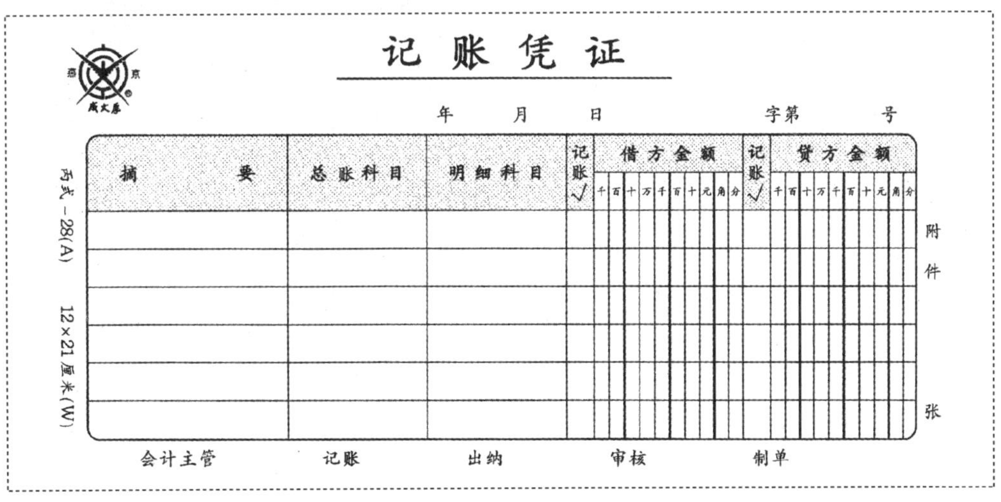

记账凭证

年　月　日　字第　号

摘要	总账科目	明细科目	记账√	借方金额（千百十万千百十元角分）	记账√	贷方金额（千百十万千百十元角分）

附件　张

会计主管　记账　出纳　审核　制单

丙式－28(A)　12×21 厘米(W)

（2）先计算填写申报表。

地方税（费）综合纳税申报表

税务登记证件号码：□□□□□□□□□□　　管理代码：□□□□□□□□

纳税人名称：安东食品有限责任公司　税款所属时期：2013 年 7 月 1 日至 2013 年 7 月 31 日　金额单位：元

税种	税目	计税依据	所属时期	计税金额或数量	税（征收）率	应纳税（费）额	减免税（费）额	已纳税额	补（退）税（费）额
城建税	城市	增值税	7月		7%				
教育费附加	城市	增值税	7月		3%				
合计									

纳税人或代理人声明：此纳税申报表是根据国家税收法律的规定填报的，我确定它是真实的、可靠的、完整的。	如纳税人填报，由纳税人填写以下各栏：					受理机关（签章）：
	办税人员（签章）	财务负责人（签章）	法定代表人（签章）	联系电话		
	如委托代理人填报，由代理人填写以下各栏：					受理日期：2013 年 8 月 8 日
	代理人名称	经办人（签章）	联系电话		代理人（公章）	

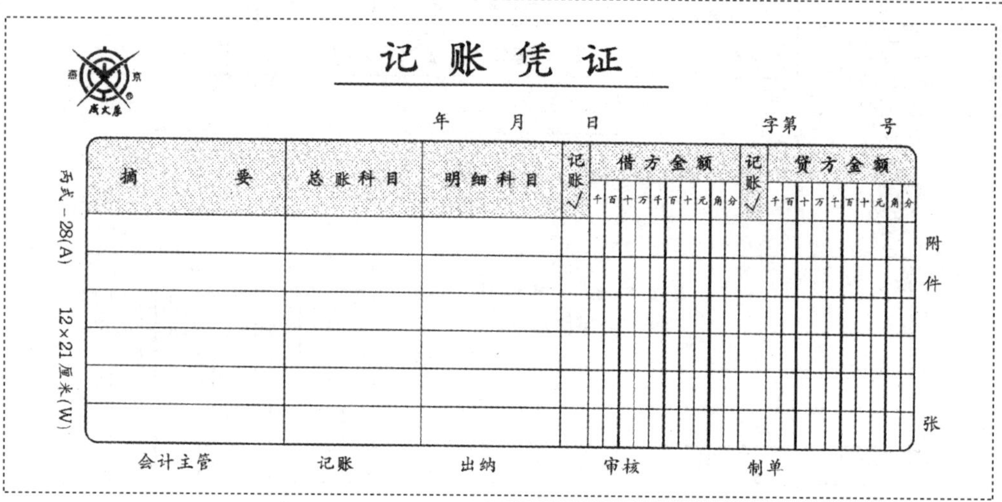

记 账 凭 证

年　月　日　　字第　号

摘要	总账科目	明细科目	记账√	借方金额（千百十万千百十元角分）	记账√	贷方金额（千百十万千百十元角分）

丙式－28(A)　12×21厘米(W)　附件　张

会计主管　记账　出纳　审核　制单

(3)

中华人民共和国
税收通用缴款书

隶属关系: （20061）陕地缴电 0160258 号

经济类型: 其他有限责任公司 填发日期 2013 年 8 月 8 征收机关: 高新区地税局

缴款单位	代码	610102659671728	预算科目	编码	101010165
	全称	安东食品有限责任公司		名称	城建税、教育费附加
	开户银行	工行长安路支行		级次	市级
	账号	101014788680920025		收缴国库	西安市长安区支库
税款所属时期 2012 年 7 月 1 日至 2012 年 7 月 31 日			税款限交日期 2012 年 8 月 15 日		

品目名称	课税数量	计税金额或销售收入	税率或单位税额	已缴或扣除额	实缴金额
城建税		3000.00	7%		￥210.00
教育费附加		3000.00	3%		￥90.00
金额合计	（大写）人民币 叁佰元整				￥300.00
缴款单位（人）（盖章）经办人（章）	税务机关（盖章）人（章）	上列税款已收妥并划转收款单位帐户 国库（银行）盖章 2013 年 8 月 11 日		备注:	

记账凭证

年 月 日 字第 号

摘要	总账科目	明细科目	记账√	借方金额	记账√	贷方金额

附件 张

会计主管 记账 出纳 审核 制单

实训八 财产清查业务

大明公司(增值税一般纳税人)财产清查有关的原始凭证如下,据以填制记账凭证。

(1)

表 8-1 库存商品盘存表

2013 年 6 月 30 日　　金额单位:元

品名	单位	账存数	实存数	盘盈			盘亏		
				数量	单价	金额	数量	单价	金额
A 产品	件	500	500						
B 产品	件	800	810	10	5	50			
C 产品	件	1 000	990				10	4	40
D 产品	只	200	180				20	10	200
E 产品	只	300	300						
合计	—	—	—	—	—	50	—	—	240

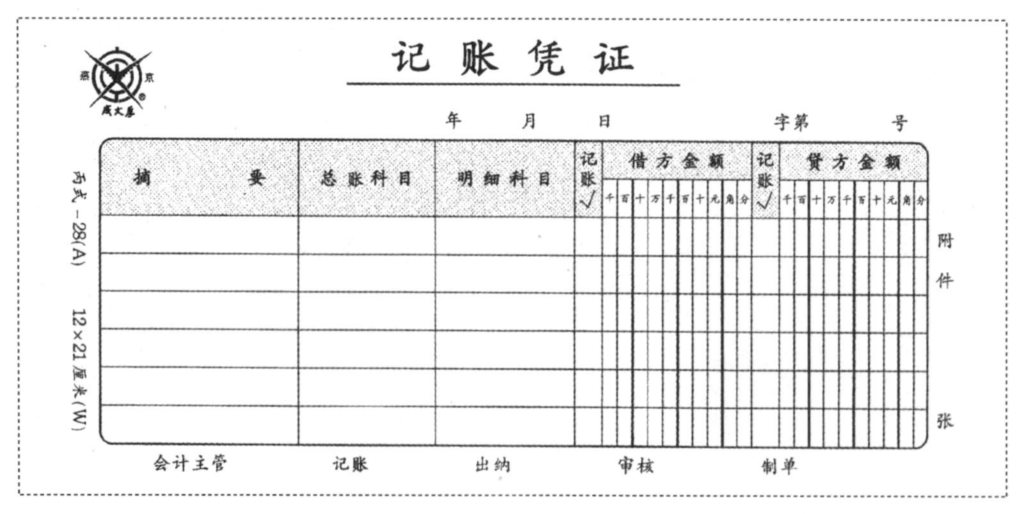
记账凭证

年　月　日　　字第　号

摘要	总账科目	明细科目	记账√	借方金额	记账√	贷方金额

附件　张

会计主管　记账　出纳　审核　制单

丙式－28(A)　12×21 厘米(W)

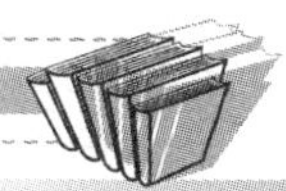

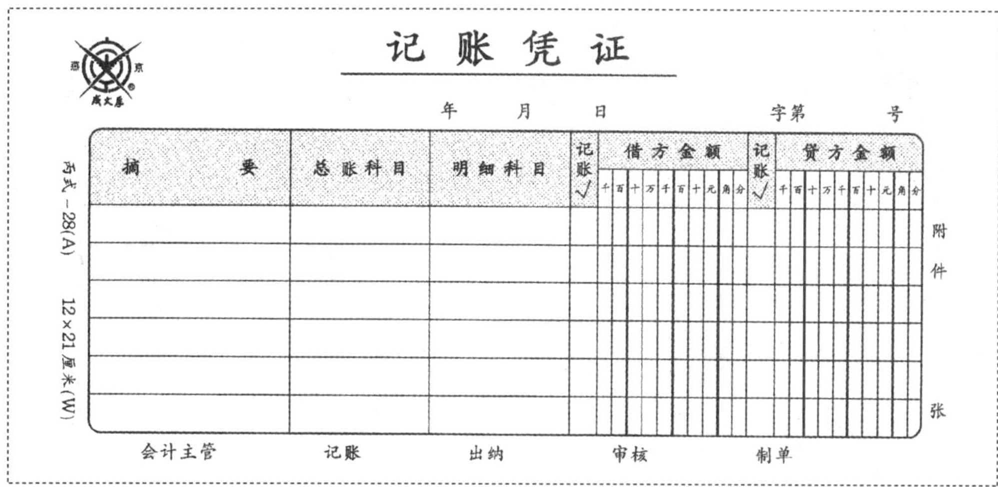

燕京 成文厚

记 账 凭 证

年　　月　　日　　　　字第　　　号

摘要	总账科目	明细科目	记账√	借方金额										记账√	贷方金额									
				千	百	十	万	千	百	十	元	角	分		千	百	十	万	千	百	十	元	角	分

丙式－28(A)　12×21厘米(W)

附件　　张

会计主管　　记账　　出纳　　审核　　制单

（2）

关于6月末库存商品清查结果的处理意见

1. B产品按正常溢余处理。
2. C产品按正常损耗处理。
3. D产品由库管员赔偿（D产品材料成本占产品成本的60%）。

总经理：郭子建　　2013.7.13

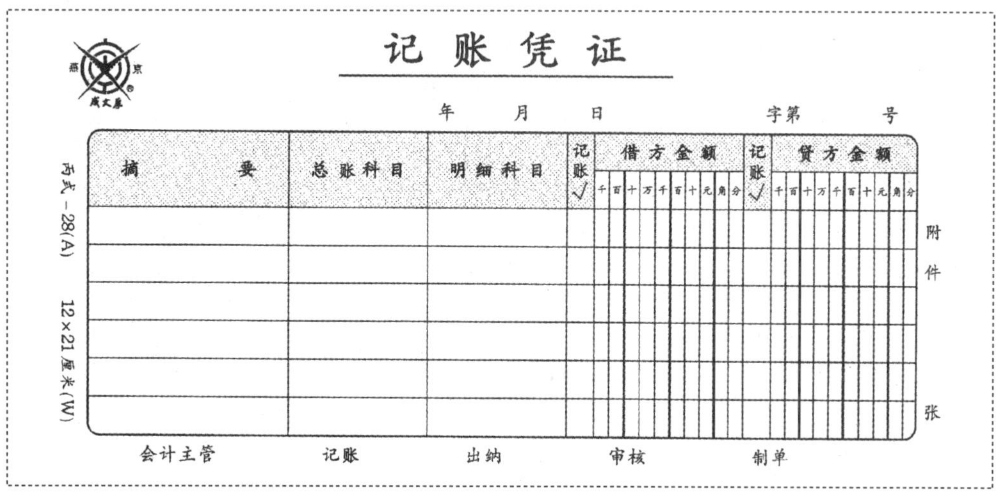

燕京 成文厚

记 账 凭 证

年　　月　　日　　　　字第　　　号

摘要	总账科目	明细科目	记账√	借方金额										记账√	贷方金额									
				千	百	十	万	千	百	十	元	角	分		千	百	十	万	千	百	十	元	角	分

丙式－28(A)　12×21厘米(W)

附件　　张

会计主管　　记账　　出纳　　审核　　制单

记 账 凭 证

年 月 日 字第 号

摘 要	总账科目	明细科目	记账√	借方金额	记账√	贷方金额

附件 张

会计主管 记账 出纳 审核 制单

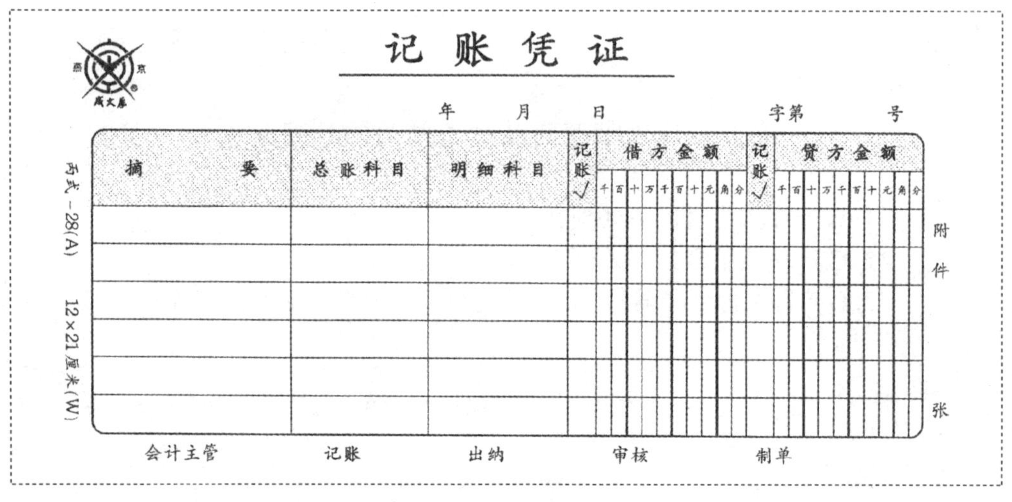

（3）

表 8-2 固定资产清查表

2013 年 12 月 20 日 金额单位：元

名 称	单 位	账存数	实存数	盘 盈		盘 亏		
				数 量	评估价值	数 量	原 值	已提折旧
甲设备	台	10	10					
乙设备	台	8	8					
文件柜	个	5	6	1	900			
计算机	台	10	9			1	7 000	5 000
打印机	台	5	5					
合 计	—	—	—	—	900	—	7 000	5 000

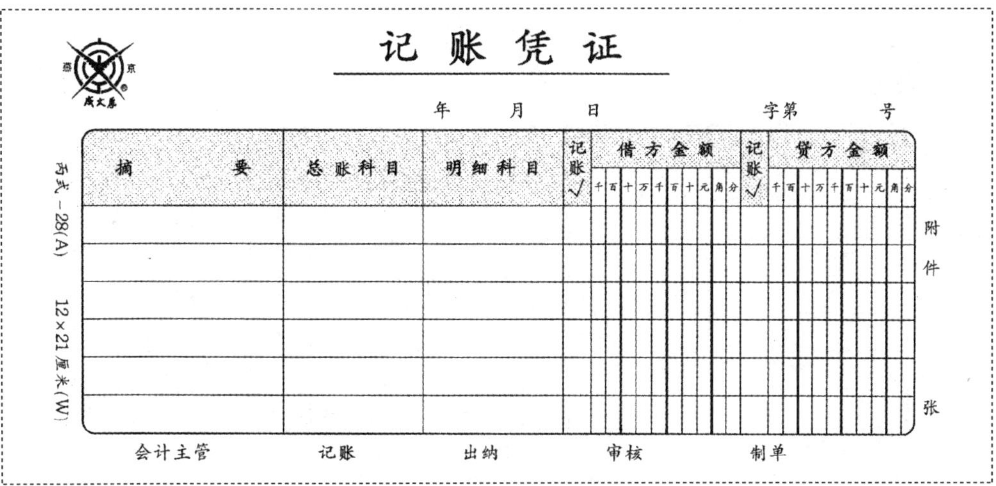

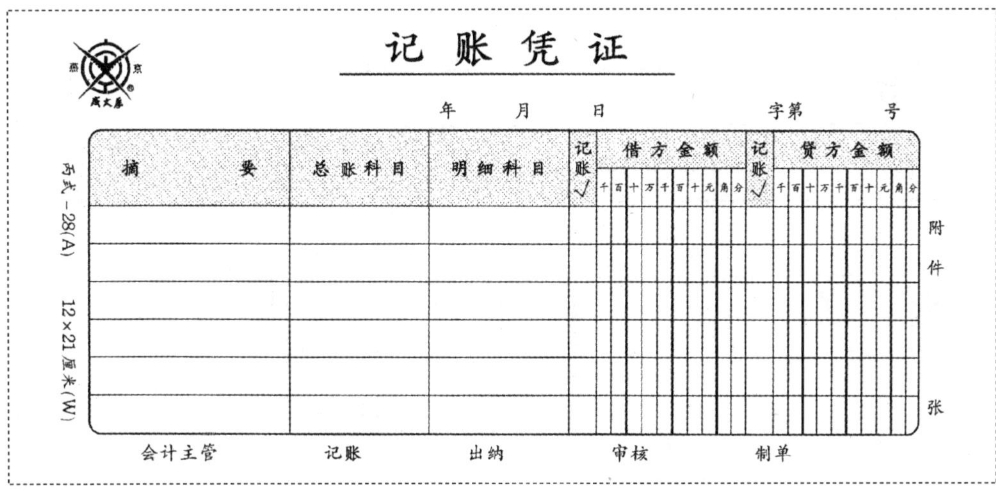

(4)

关于12月固定资产清查结果的处理意见

1. 盘盈文件柜转作收入。
2. 计算机丢失，由使用保管人张清赔偿500元，剩余部分按损失处理。

总经理：郭子建 2013.12.30

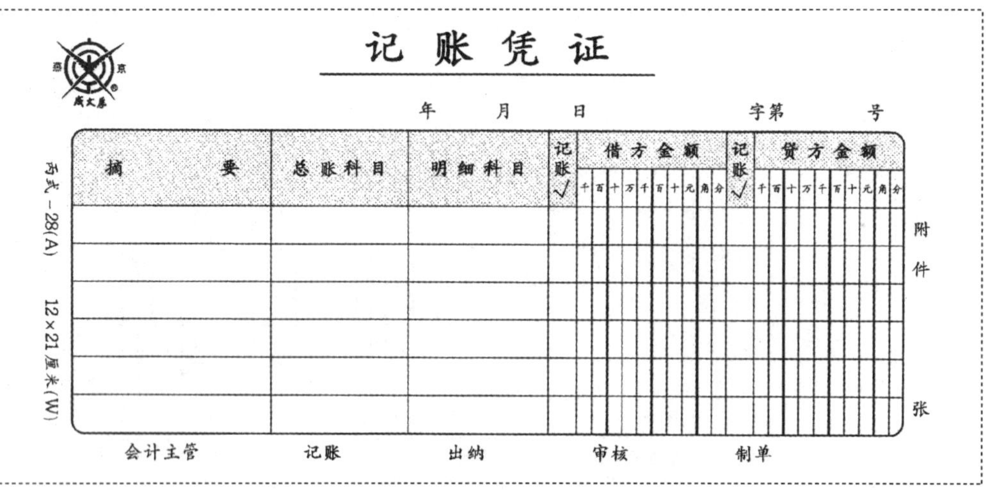

记账凭证

年 月 日 字第 号

摘要	总账科目	明细科目	记账√	借方金额 千 百 十 万 千 百 十 元 角 分	记账√	贷方金额 千 百 十 万 千 百 十 元 角 分

附件 张

丙式－28(A) 12×21厘米(W)

会计主管 记账 出纳 审核 制单

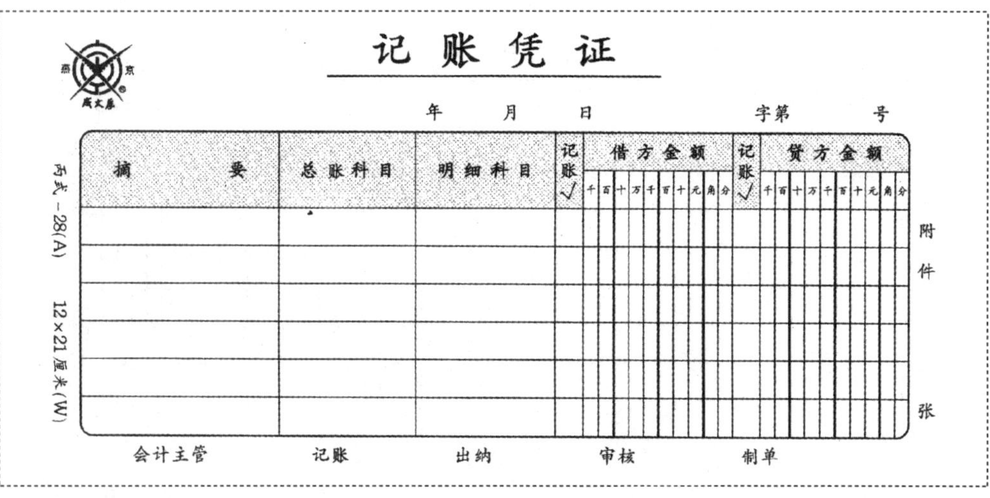

记账凭证

年 月 日 字第 号

摘要	总账科目	明细科目	记账√	借方金额 千 百 十 万 千 百 十 元 角 分	记账√	贷方金额 千 百 十 万 千 百 十 元 角 分

附件 张

丙式－28(A) 12×21厘米(W)

会计主管 记账 出纳 审核 制单

（5）大明公司 8 月 31 日银行存款日记账的账面余额为 2 800 000 元，银行对账单余额为 2 750 000元，经过核对，发现有以下几笔未达账项：

1）8 月 29 日，银行已付企业水电费 5 000 元，银行已经入账，企业尚未收到付款通知。

2）8 月 29 日，企业委托银行收款 125 000 元，银行已经入账，企业尚未收到收账通知。

3）8 月 30 日，企业收到外单位转账支票一张，计 176 000 元，已办理进账，企业已入账，银行尚未入账。

4）8 月 30 日，企业开出转账支票一张支付货款，计 6 000 元，企业已入账，收款人尚未办理进账，银行尚未付款。

根据以上未达账项，编制银行存款余额调节表。

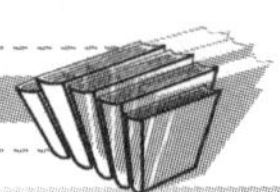

表 8-3 银行存款余额调节表

2013 年 8 月 31 日 单位：元

项 目	金 额	项 目	金 额
企业银行存款账面余额 加：银行已收，企业未收 减：银行已付，企业未付		银行对账单余额 加：企业已收，银行未收 减；企业已付，银行未付	
调节后的余额		调节后的余额	

（6）

现金被盗损失报告

8 月 23 日早上上班时，发现财务室保险柜被盗，经查，丢失现金 1000 元。

出纳员：刘利红

2013.8.23

属实．李志华 2013.8.23

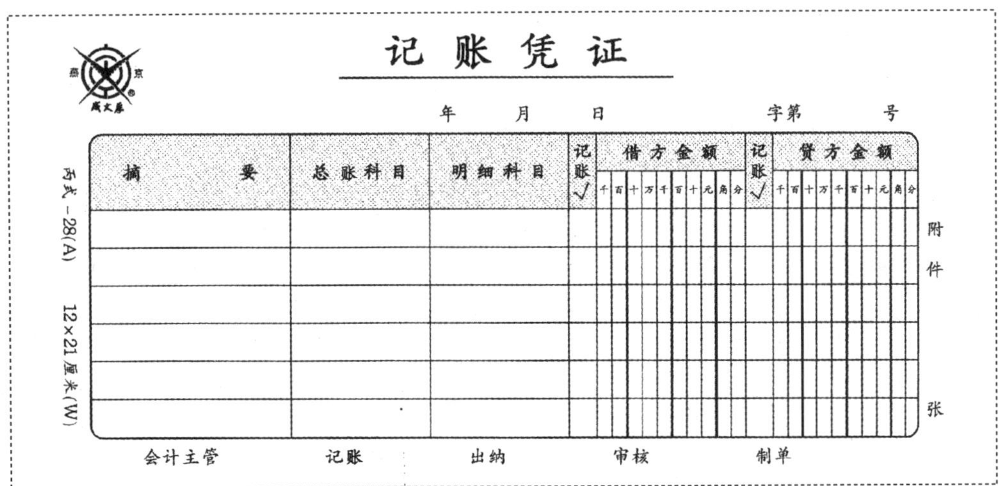

记 账 凭 证

年 月 日 字第 号

摘 要	总账科目	明细科目	记账√	借方金额（千百十万千百十元角分）	记账√	贷方金额（千百十万千百十元角分）

附件 张

会计主管 记账 出纳 审核 制单

丙式－28(A) 12×21 厘米(W)

（7）

关于现金被盗的处理意见

由出纳员刘利红赔偿500元，其余500元按损失处理。

总经理：郭子建　　2013.9.10

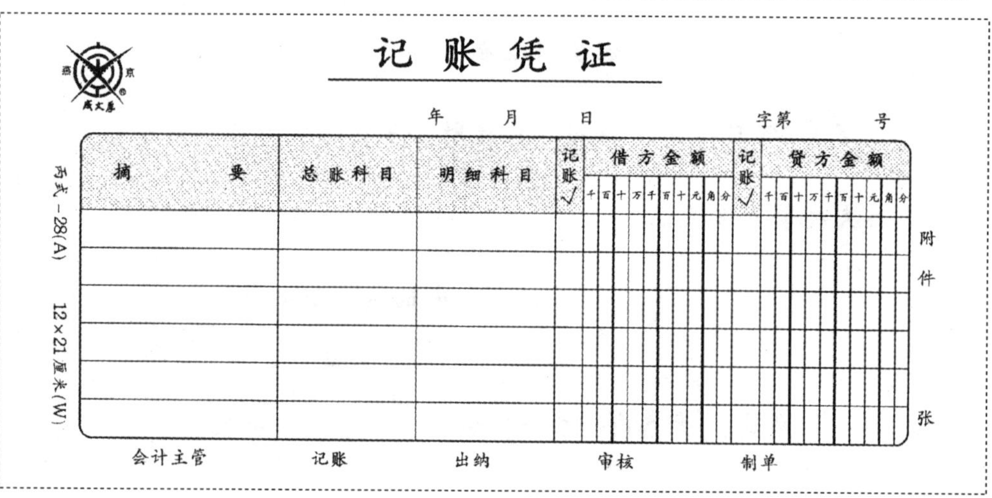

记账凭证

年　月　日　　　字第　号

摘要	总账科目	明细科目	记账√	借方金额										记账√	贷方金额								
				千	百	十	万	千	百	十	元	角	分		千	百	十	万	千	百	十	元	角	分

丙式-28(A)　12×21厘米(W)

附件　张

会计主管　　记账　　出纳　　审核　　制单

（8）

关于应收大河公司账款的处理意见

我公司应收大河公司的应收账款5 000元，现大河公司已破产，无法收回，建议按坏账处理。

会计：周慧

2013.9.25

同意　郭子建　2013.9.30

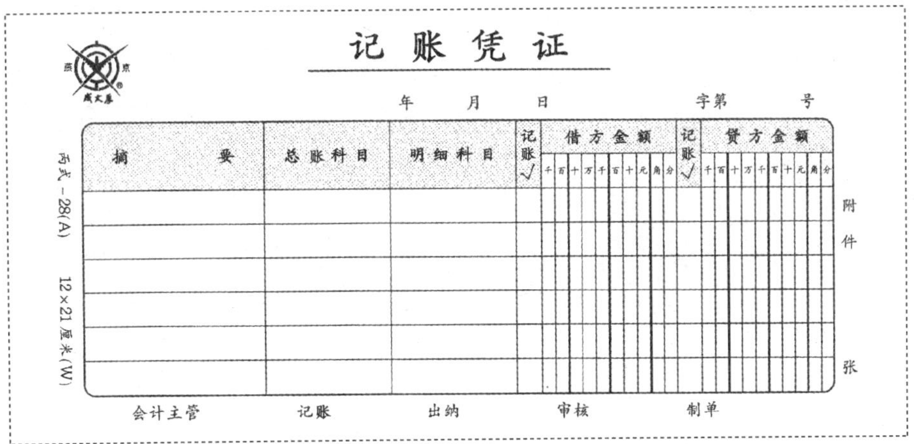

(9)

关于对丽彩公司应付账款的处理意见

对丽彩公司的一笔应付账款 10000 元，已挂账三年多。经查，丽彩公司已解散，已无法偿还，建议予以转销。

会计：周慧

2013.9.25

同意. 郭子建 2013.9.30

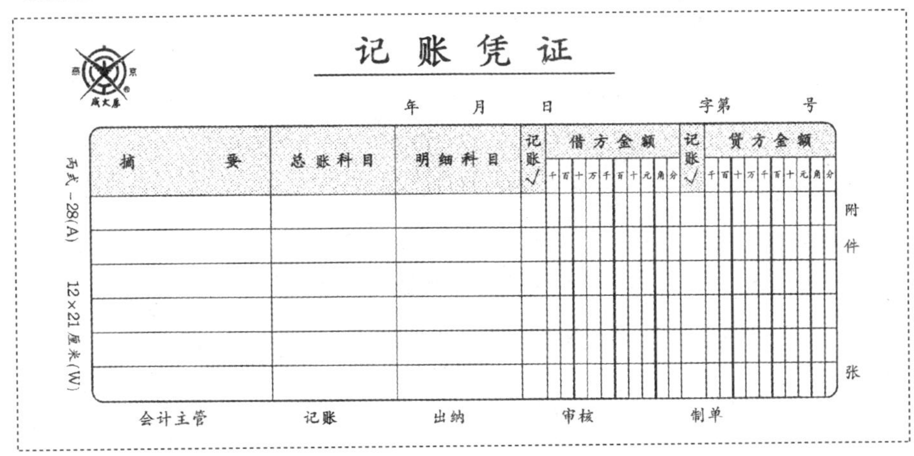

9 实训九 期间费用业务

根据道同电器有限公司(增值税一般纳税人)下列经济业务的原始凭证，填制记账凭证。

(1)

陕西省西安市交通运输业通用发票

发票联

开票日期：2013-09-15　　发票代码 0000000890

付款单位(个人)：道同电器有限公司　　发票号码 0012685

项　目	金　额
运费	600.00
合计金额（元）（大写）：陆佰元整	（小写）¥：600.00
备注：	

收款单位：（盖章有效）通达物流有限责任公司　　收款人：张琼

收款单位税号　214578925478

通达物流有限责任公司 发票专用章

现金付出凭证　　第二联：交会计

2013年9月16日　　第9号

付　给 通达物流有限责任公司运费 款	备　注
计人民币（大写）陆佰元整	
领款人（签名）周德东	600.00元

负责人　　会计 张利　　出纳 吴歌

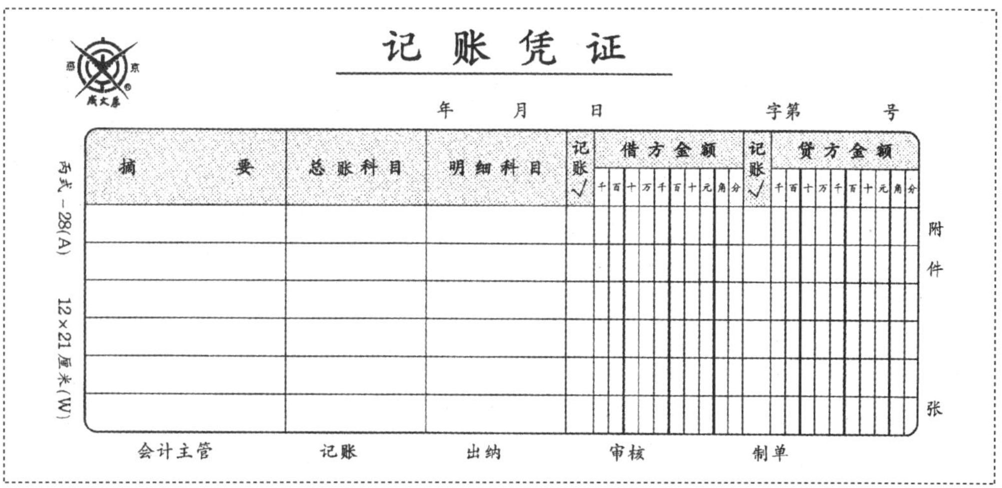

记 账 凭 证

年 月 日 字第 号

摘要	总账科目	明细科目	记账√	借方金额 千 百 十 万 千 百 十 元 角 分	记账√	贷方金额 千 百 十 万 千 百 十 元 角 分

丙式－28(A) 12×21厘米(W)

附件 张

会计主管 记账 出纳 审核 制单

(2)

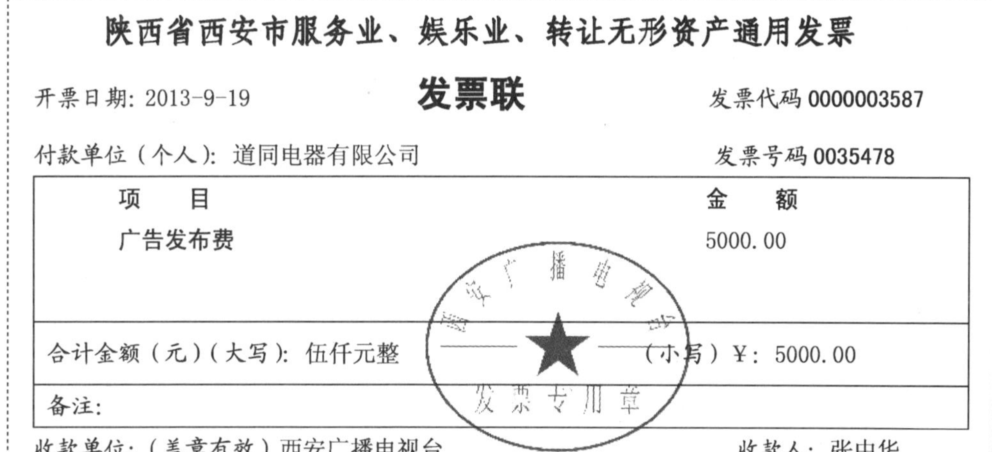

陕西省西安市服务业、娱乐业、转让无形资产通用发票

发票联

开票日期：2013-9-19 发票代码 0000003587

付款单位（个人）：道同电器有限公司 发票号码 0035478

项目	金额
广告发布费	5000.00
合计金额（元）（大写）：伍仟元整	（小写）¥：5000.00
备注：	

收款单位：（盖章有效）西安广播电视台 收款人：张中华

中国工商银行

转账支票存根

XVI00002583

附加信息

出票日期 2013 年 9 月 19 日

收款人：	西安广播电视台
金 额：	5000.00
用 途：	广告发布费

单位主管 会计

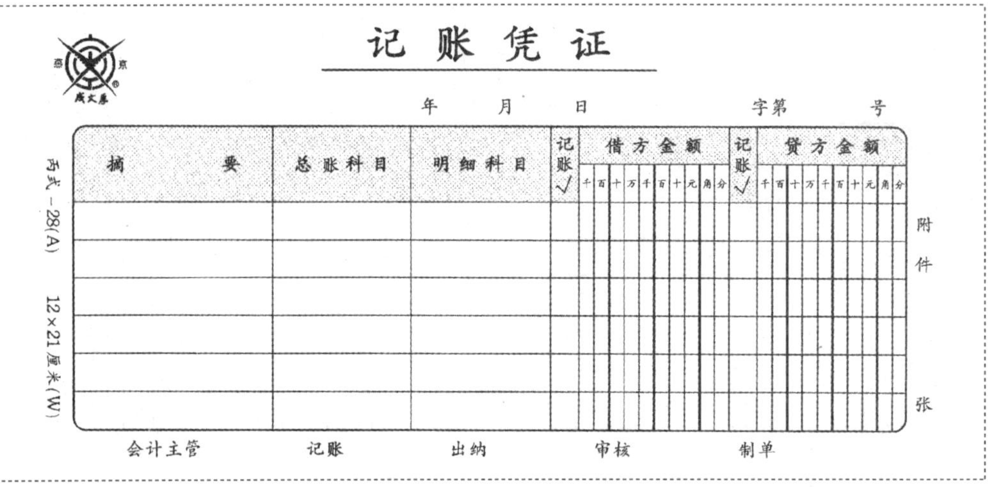

记 账 凭 证

年 月 日 字第 号

摘要	总账科目	明细科目	记账√	借方金额 千	百	十	万	千	百	十	元	角	分	记账√	贷方金额 千	百	十	万	千	百	十	元	角	分

附件 张

会计主管 记账 出纳 审核 制单

丙式－28(A) 12×21厘米(W)

(3)

实 物 出 库 凭 证

领物单位：售后服务部 2013年9月20日 字第18号

品名	数量	单位	单价	金额 百	十	万	千	百	十	元	角	分	备考
配件	40	件	20.00				¥	8	0	0	0	0	
合计	捌佰元整												

负责人： 会计： 保管：张海峰 领物人：代杰

记 账 凭 证

年 月 日 字第 号

摘要	总账科目	明细科目	记账√	借方金额 千	百	十	万	千	百	十	元	角	分	记账√	贷方金额 千	百	十	万	千	百	十	元	角	分

附件 张

会计主管 记账 出纳 审核 制单

丙式－28(A) 12×21厘米(W)

（4）

表 9-1 固定资产折旧计提表

2013 年 9 月 金额单位：元

固定资产名称	原 值	净 残 值	应提折旧总额	折旧 年限/年	月折旧额	累计折旧额
生产设备	250 000	10 000	240 000	10	2 000	
生产用小计					2 000	
货车	50 000	6 800	43 200	4	900	
销售用小计					900	
办公用计算机	3 600	0	3 600	3	100	
办公用打印机	1 800	0	1 800	3	50	
轿车	52 000	1 600	50 400	4	1 050	
管理用小计					1 200	
合计					4 100	

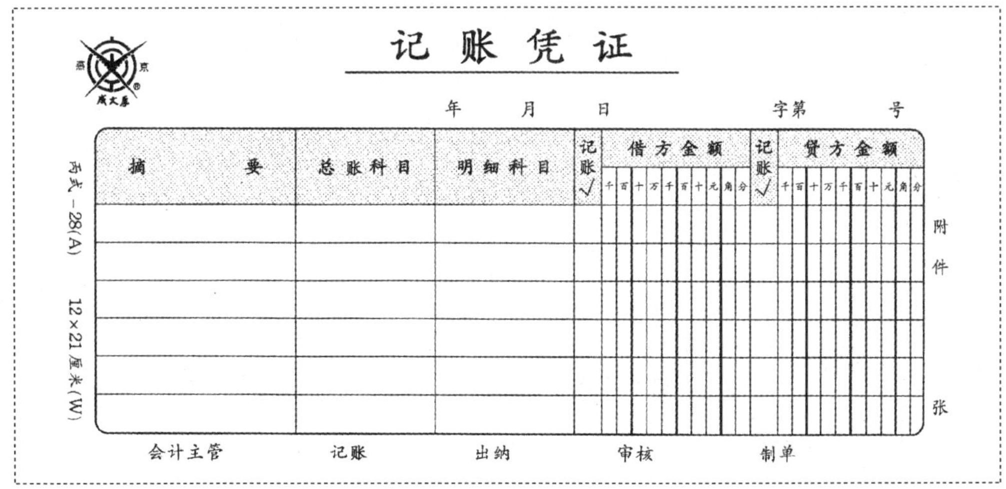

记 账 凭 证

年 月 日 字第 号

摘 要	总账科目	明细科目	记账√	借方金额	记账√	贷方金额

附件 张

会计主管 记账 出纳 审核 制单

（5）张大中原预借备用金3 000元。

出差费报销单

报销部门 销售部　报销日期：2013 年 9月 21日

姓名	张大忠	职别	业务员	出差事由	参加展销会						
出差起止日期	自 2013 年 9 月 18 日起至 2013 年 9 月 20 日止共 3 天附单据 15 张										
日期		起讫地点	天数	车船费		火车硬席补贴	途中伙食补助费	宿费	住勤费	杂费	
月	日			交通工具	金额					用途	金额
9	18	西安-广州	1	火车	300.0		20.0			市交	20.0
9	19	广州	1					500.0	20		
9	20	广州-西安	1	火车	300.0		20.0			公交	20.0
合计（大写）	壹仟贰佰元整					总计	1200.00				
审核意见：同意报销 .胡志刚　2013.9.21											

负责人　会计　审核　部门主管 李良　出差人 张大忠

记账凭证

年　月　日　字第　号

摘要	总账科目	明细科目	记账√	借方金额	记账√	贷方金额

附件　张

会计主管　记账　出纳　审核　制单

丙式－28(A)　12×21厘米(W)

（6）

现金付出凭证

第二联 交会计

2013年 9月 25日　第 14 号

付给 李虎预借差旅费款 款	备注
计人民币（大写）贰仟伍佰元整	
领款人（签名） 李虎	2500.00 元

负责人　会计 张利　出纳 吴歌

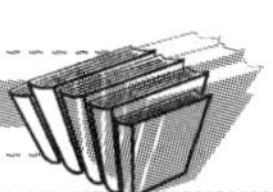

借　款　单

2013　年　9 月　25 日　　　　第 14 号

工作部门	行政			借款人姓名	李虎						
借款金额	（大写）贰仟伍百元整				万	千	百	十	元	角	分
					¥	2	5	0	0	0	0
用途	投标会差旅费			还款日期	2013.10.1						
单位负责人		部门主管		部门负责人	高强 2013.9.25	财务负责人	李志华 2013.9.25				

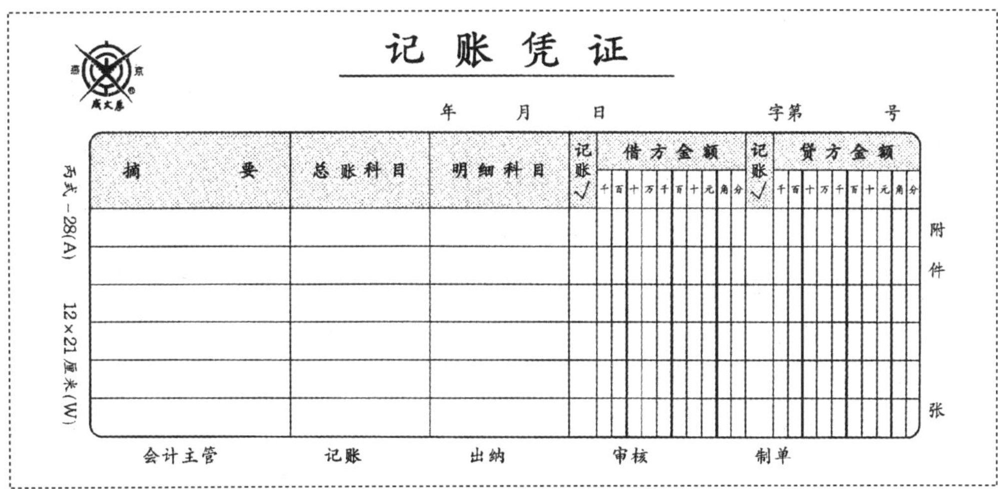

记账凭证

年　月　日　　字第　号

摘要	总账科目	明细科目	记账√	借方金额	记账√	贷方金额

附件　张

会计主管　记账　出纳　审核　制单

（7）

现金付出凭证

第二联：交会计

2013 年 10 月 1 日　　第 15 号

付　给　李虎差旅费　款	备　注
计人民币（大写）伍佰元整	
领款人（签名）　李虎	500.00 元

负责人　　会计　张利　　出纳　吴歌

出差费报销单

报销部门 行政　　报销日期：2013 年 9 月 30 日

姓名	李虎	职别	科员	出差事由	参加投标会
出差起止日期	自 2013 年 9 月 27 日起至 2013 年 9 月 29 日止共 3 天附单据 11 张				

日期		起讫地点	天数	车船费		火车硬席补贴	途中伙食补助费	住宿费	住勤费	杂费	
月	日			交通工具	金额					用途	金额
9	27	西安-杭州	1	飞机	700.0		50			公交	20.0
9	28	杭州	1					500.0	60.0	招待	900.0
9	29	杭州-西安	1	飞机	700.0		50			公交	20.0
合计（大写）	叁仟元整						总计	3000.00			

审核意见：报销．高强　　2013.9.30

负责人　　会计　　审核　　部门主管 高强　　出差人 李虎

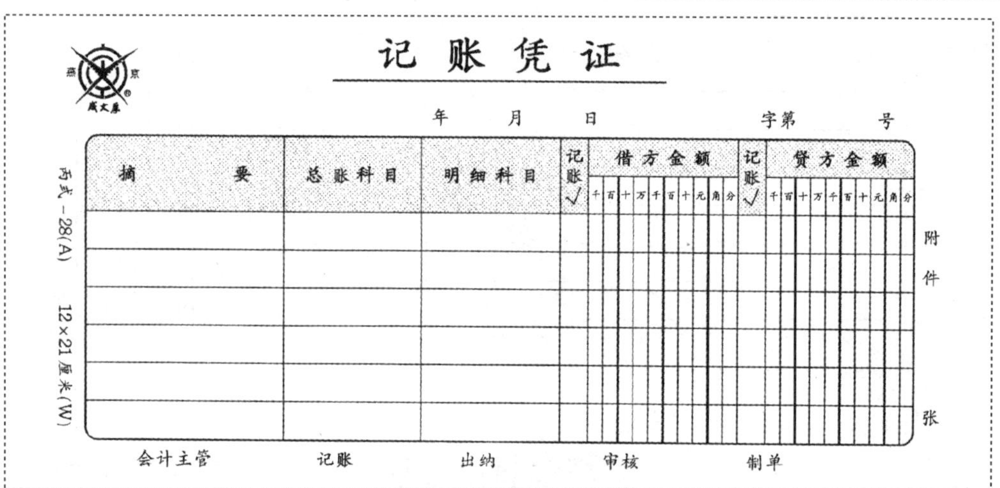
燕京 成文厚

记 账 凭 证

年　月　日　　字第　号

摘要	总账科目	明细科目	记账√	借方金额（千 百 十 万 千 百 十 元 角 分）	记账√	贷方金额（千 百 十 万 千 百 十 元 角 分）

附件　张

丙式－28(A)　12×21厘米(W)

会计主管　　记账　　出纳　　审核　　制单

(8)

中国工商银行　　　　业务收费凭证

流水号 000120130857　　　　2013 年 10 月 3 日

付款人账号	101014788680923651		
付款人名称	道同电器有限公司		
开户行名称	工行长安路支行		
收费金额	人民币贰拾元整		
	RMB20.00		
收费项目	金额（小写）	收费项目	金额（小写）
手续费	RMB20.00	邮电费	
工本费		保管箱或其他	

摘要：
承兑 20 000.00

中国工商银行 长安路支行 转讫
（银行盖章）

会计科目
借：
贷：
制作：　授权：　复核：　经办：

记账凭证

年　月　日　　字第　号

摘要	总账科目	明细科目	记账√	借方金额	记账√	贷方金额

附件　张

会计主管　记账　出纳　审核　制单

丙式－28(A)　12×21厘米(W)

(9)

10 月份办公桌椅摊销计算单

总价值：2400 元
摊销年限：2 年
本月摊销额=2400÷2÷12=100 元

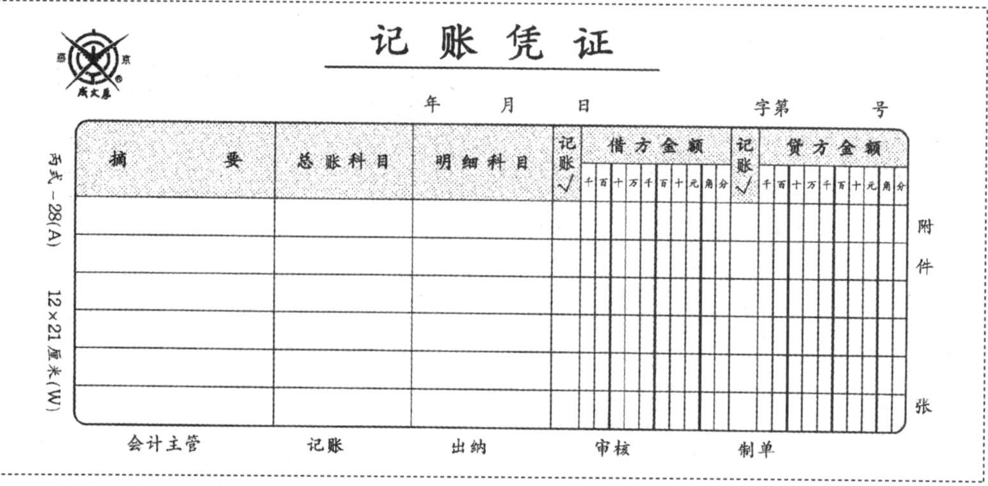

记 账 凭 证

年 月 日　　　字第　　号

摘要	总账科目	明细科目	记账√	借方金额（千 百 十 万 千 百 十 元 角 分）	记账√	贷方金额（千 百 十 万 千 百 十 元 角 分）

附件　张

会计主管　记账　出纳　审核　制单

丙式－28(A)　12×21厘米(W)

(10)

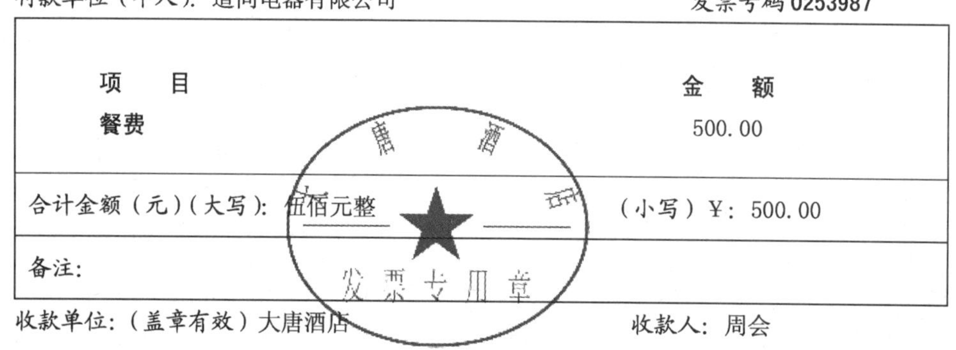

陕西省西安市服务业、娱乐业、转让无形资产通用发票

发票联

开票日期：2013-10-9　　发票代码 0000013829

付款单位（个人）：道同电器有限公司　　发票号码 0253987

项　目	金　额
餐费	500.00
合计金额（元）（大写）：伍佰元整	（小写）¥：500.00
备注：	

收款单位：（盖章有效）大唐酒店　　收款人：周会

大唐酒店 发票专用章

现金付出凭证　　第二联：交会计

2013年10月12日　　第16号

	备　注
付　给 招待客户餐费 款	
计人民币（大写）伍佰元整	
领款人（签名）李虎	500.00元

负责人　　会计 张利　　出纳 吴歌

记 账 凭 证

丙式－28(A)　12×21厘米(W)

年　月　日　　字第　号

摘　要	总账科目	明细科目	记账√	借方金额 千	百	十	万	千	百	十	元	角	分	记账√	贷方金额 千	百	十	万	千	百	十	元	角	分

附件　张

会计主管　记账　出纳　审核　制单

(11)

西安市商业普通发票

发　票　联

2013年10月12日　　No 0552073

购货单位（人）	名称	道同电器有限公司	地址	西安市劳动南路 029-88430129						
品名规格	单位	数量	单价	金额						
				万	千	百	十	元	角	分
打印纸	包	10	20.00		¥	2	0	0	0	0
合计（大写）	贰佰元整				¥	2	0	0	0	0
销货单位 名称	翰林文具店		纳税人识别号	665567462530214						

开票人：张迪　　销货单位（章）

（印章：翰林文具店 发票专用章）

现金付出凭证

第二联　交会计

2013年10月13日　　第19号

付　给 打印纸 款 计人民币（大写）贰佰元整 领款人（签名）王功权	备　注 200.00元

负责人　　会计 张利　　出纳 吴歌

记账凭证

年　月　日　　　　字第　号

摘要	总账科目	明细科目	记账√	借方金额	记账√	贷方金额

附件　张

丙式－28(A)　12×21厘米(W)

会计主管　记账　出纳　审核　制单

(12)

中国电信股份有限公司陕西分公司收费专用发票

发票联　　发票代码：261001140171

业务号码：029-86254710　收费日期：2013年10月9日　发票号码：36268935

道同电器有限公司　交费号 110000713857	备注栏
月租费 25.00 来电显示 6.00 区内通话费 94.30 区间通话费 85.45 长话费 89.25 （印章：中国电信股份有限公司陕西分公司 发票专用章） 电信业务营业厅 801984 2013-10-09 10：09：36	
合计（大写）：叁佰元整　（小写）：300.00	

现金付出凭证

第二联　交会计

2013年10月15日　　第20号

	备注
付给 电话费 款	
计人民币（大写）叁佰元整	300.00元
领款人（签名）王功权	

负责人　会计 张利　出纳 吴歌

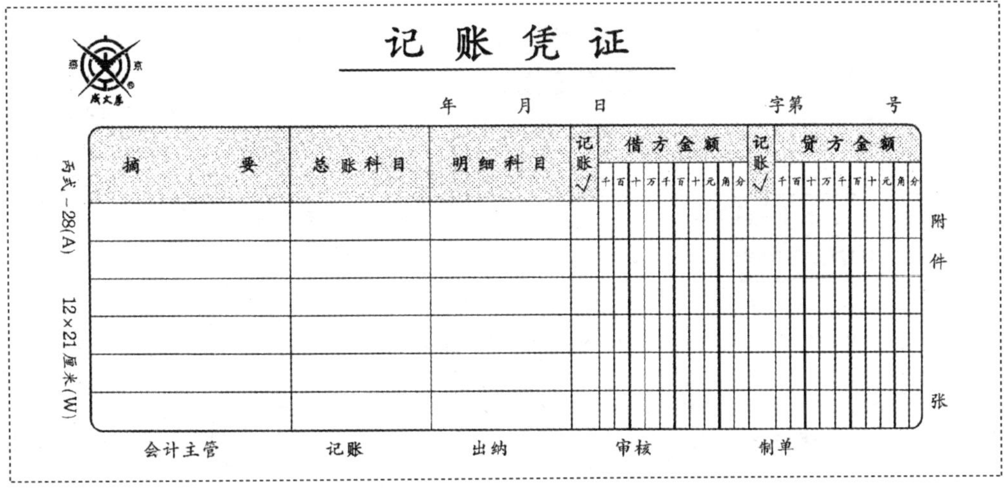

(13)

10 月份土地使用权摊销计算单

土地使用权价值：120 000 元
摊销年限：5 年
月摊销额=120 000÷5÷12=2000 元

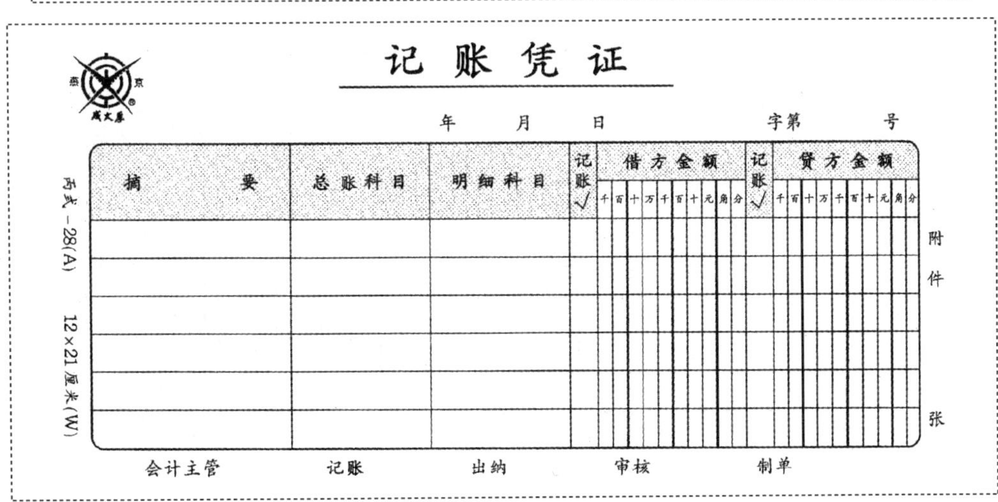

(14)

托收凭证 （付款通知） 5

委托日期 2013 年 10 月 17 日

付款期限 2012 年 10 月 20 日

业务类型		委托收款（□邮划、□电划） 托收承付（□邮划、☑电划）						
付款人	全称	道同电器有限公司			收款人	全称	华美商贸有限公司	
	账号	21371859091338				账号	21371859099457	
	地址	陕西省西安市/县	开户行	工行长安路支行		地址	陕西省咸阳市/县	开户行 建行高新支行

金额	人民币（大写）肆万零伍佰元整	亿	千	百	十	万	千	百	十	元	角	分
					¥	4	0	5	0	0	0	0

款项内容	购材料款	托收凭据名称	商业汇票	附寄单证张数	壹
商品发运情况	已发送		合同名称号码	钢材购销 2013-18	

备注：

票面金额 40000 元，利息 500 元。

付款人开户银行收到日期

2013 年 10 月 18 日

复核 记账

付款人开户银行签章 月 日

（印章：中国工商银行 长安路支行 转讫）

付款人注意：

1. 根据支付结算办法，上列委托收款（托收承付）款项在付款期限内未提出拒付，即视为同意付款，以此代付款通知。

2. 如需提出全部或部分拒付，应在规定期限内，将拒付理由书并附债务证明退交开户银行。

记 账 凭 证

年 月 日 字第 号

摘要	总账科目	明细科目	记账√	借方金额	记账√	贷方金额

附件 张

会计主管 记账 出纳 审核 制单

丙式-28(A) 12×21厘米(W)

（15）

中国工商银行借款利息通知单

户名：道同电器有限公司

计　息　期		积　数	利息额
2013 年 10 月 1 日—2013 年 10 月 31 日		3000000.00	1000.00
人民币（大写）	壹仟元整		

上列借款利息已如数从你单位账户转出

中国工商银行 长安路支行 转讫

2013 年 10 月 31 日

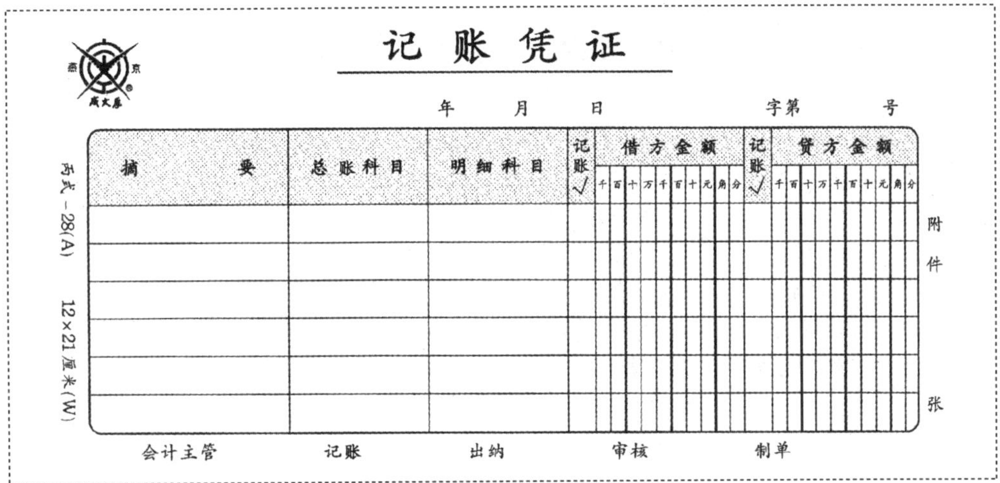

记 账 凭 证

年　月　日　　字第　号

摘　要	总账科目	明细科目	记账√	借方金额 千百十万千百十元角分	记账√	贷方金额 千百十万千百十元角分

附件　张

会计主管　记账　出纳　审核　制单

丙式－28(A)　12×21厘米(W)

（16）

长期借款利息计提计算单

工商银行借款额：500000 元

年利率：7.2%

2013 年 10 月份应付利息：500000×7.2%÷12=3000 元

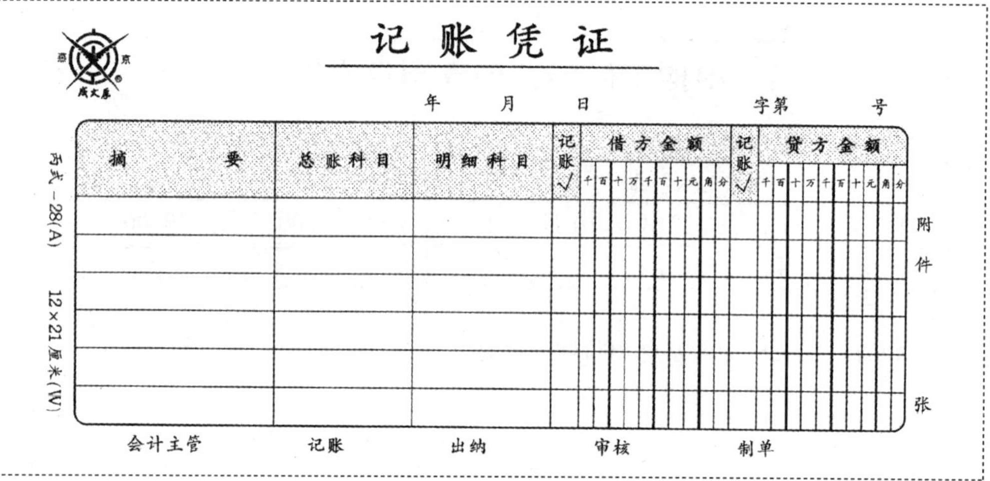

南京 成文厚

记 账 凭 证

年 月 日　　　　字第　　号

摘要	总账科目	明细科目	记账√	借方金额										记账√	贷方金额								
				千	百	十	万	千	百	十	元	角	分		千	百	十	万	千	百	十	元	角	分

丙式－28(A)　12×21厘米(W)

附件　　张

会计主管　　记账　　出纳　　审核　　制单

（17）

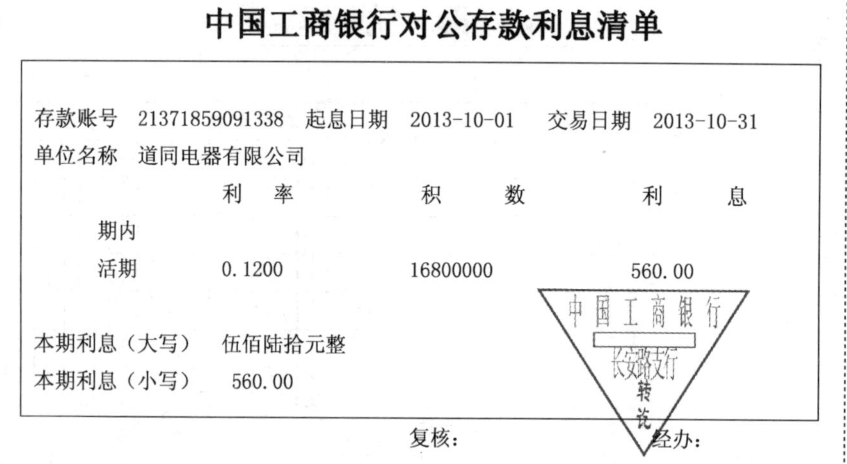

中国工商银行对公存款利息清单

存款账号 21371859091338　起息日期 2013-10-01　交易日期 2013-10-31

单位名称 道同电器有限公司

	利率	积数	利息
期内			
活期	0.1200	16800000	560.00

本期利息（大写）　伍佰陆拾元整

本期利息（小写）　560.00

中国工商银行 长安路支行 转讫

复核：　　经办：

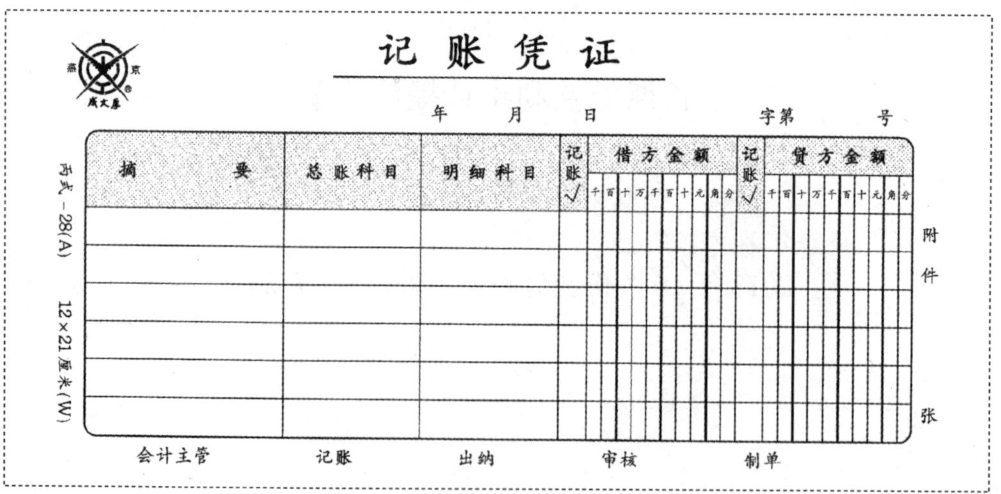

南京 成文厚

记 账 凭 证

年 月 日　　　　字第　　号

摘要	总账科目	明细科目	记账√	借方金额										记账√	贷方金额								
				千	百	十	万	千	百	十	元	角	分		千	百	十	万	千	百	十	元	角	分

丙式－28(A)　12×21厘米(W)

附件　　张

会计主管　　记账　　出纳　　审核　　制单

10 实训十 利润及其分配业务

根据大明工贸有限公司下列有关利润核算的原始凭证，填制记账凭证。

(1)

收 款 收 据

第三联：收据联　　2013年 11月 18日　　编号：89

交款人（单位）	大明工贸有限公司								
摘　　要	向灾区捐款								
金额（大写）	叁拾万元整	十	万	千	百	十	元	角	分
		3	0	0	0	0	0	0	0

主管　　会计　　出纳 杜文辉　　制票 田陆

（印章：西安市民政局）

中国工商银行

转账支票存根

XVI00006842

附加信息

出票日期 2013 年 11月18日

收款人：西安市民政局
金　额：300000.00
用　途：捐款

单位主管　　会计

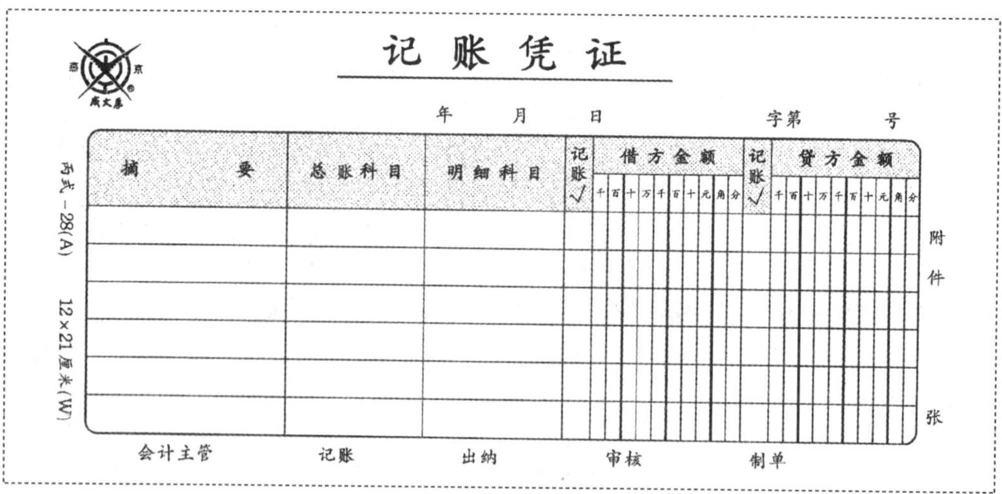

记 账 凭 证

丙式－28(A)　12×21厘米(W)

年　　月　　日　　　　字第　　号

摘　要	总账科目	明细科目	记账√	借方金额 千百十万千百十元角分	记账√	贷方金额 千百十万千百十元角分

附件　张

会计主管　　记账　　出纳　　审核　　制单

(2)

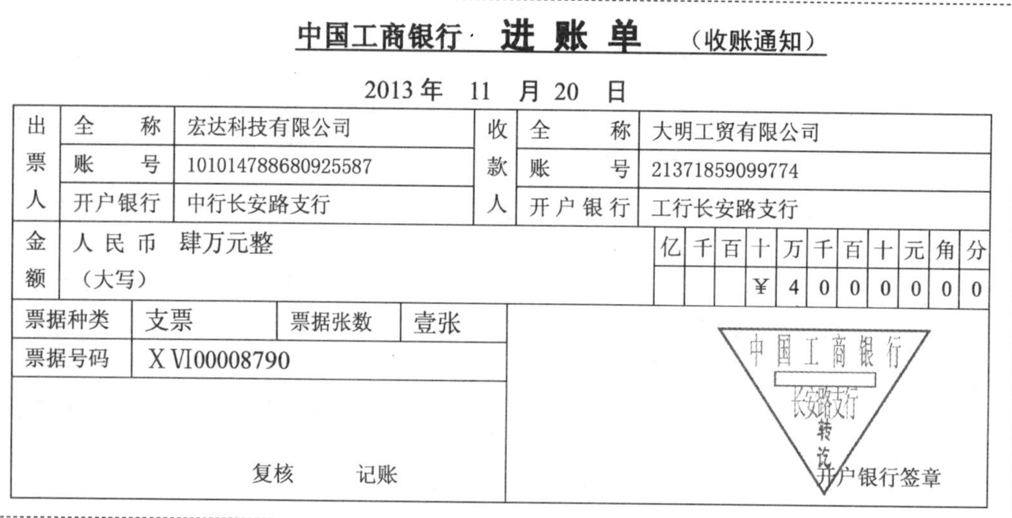

中国工商银行　进 账 单　（收账通知）

2013 年　11　月 20　日

出票人	全　称	宏达科技有限公司	收款人	全　称	大明工贸有限公司
	账　号	101014788680925587		账　号	21371859099774
	开户银行	中行长安路支行		开户银行	工行长安路支行

金额	亿	千	百	十	万	千	百	十	元	角	分
人民币（大写）肆万元整				¥	4	0	0	0	0	0	0

票据种类	支票	票据张数	壹张
票据号码	XⅥ00008790		

复核　　记账

中国工商银行 长安路支行 转讫

开户银行签章

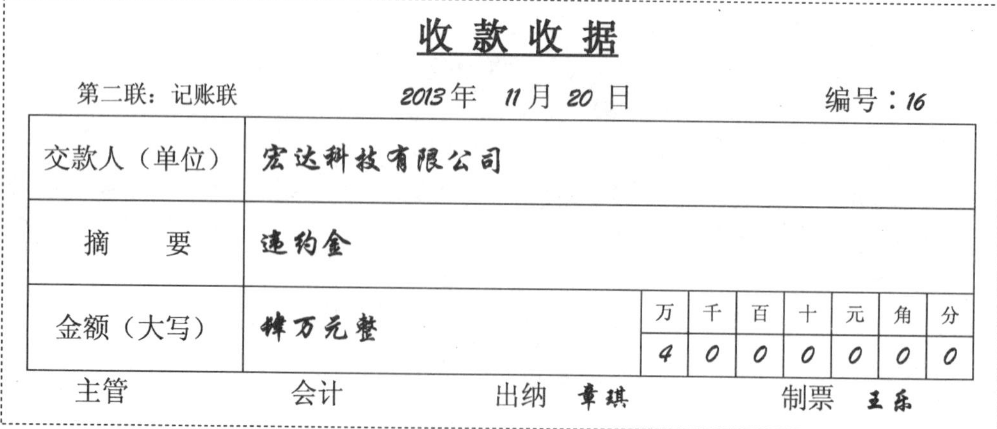

收 款 收 据

第二联：记账联　　2013 年　11 月 20 日　　编号：16

交款人（单位）	宏达科技有限公司							
摘　要	违约金							
金额（大写）	肆万元整	万	千	百	十	元	角	分
		4	0	0	0	0	0	0

主管　　会计　　出纳 章琪　　制票 王乐

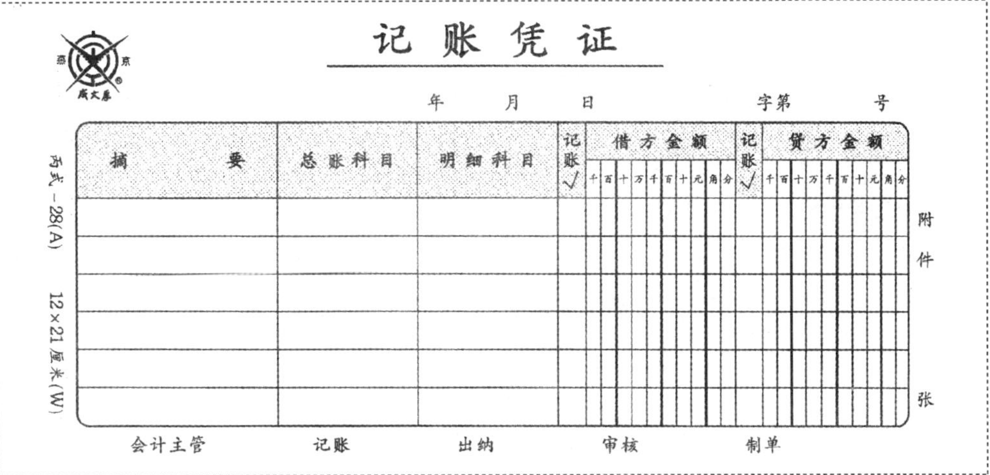

记 账 凭 证

年　　月　　日　　　　字第　　号

摘要	总账科目	明细科目	记账√	借方金额										记账√	贷方金额									
				千	百	十	万	千	百	十	元	角	分		千	百	十	万	千	百	十	元	角	分

丙式－28(A)　12×21厘米(W)

附件　　张

会计主管　　记账　　出纳　　审核　　制单

(3)

关于对东风公司应付账款的处理意见

我公司欠东风公司的一笔应付账款3000元，已过三年多。经查，该公司已解散，已无法偿还，建议予以转销。

会计：王乐

2013.11.25

同意.范志军　　2013.11.30

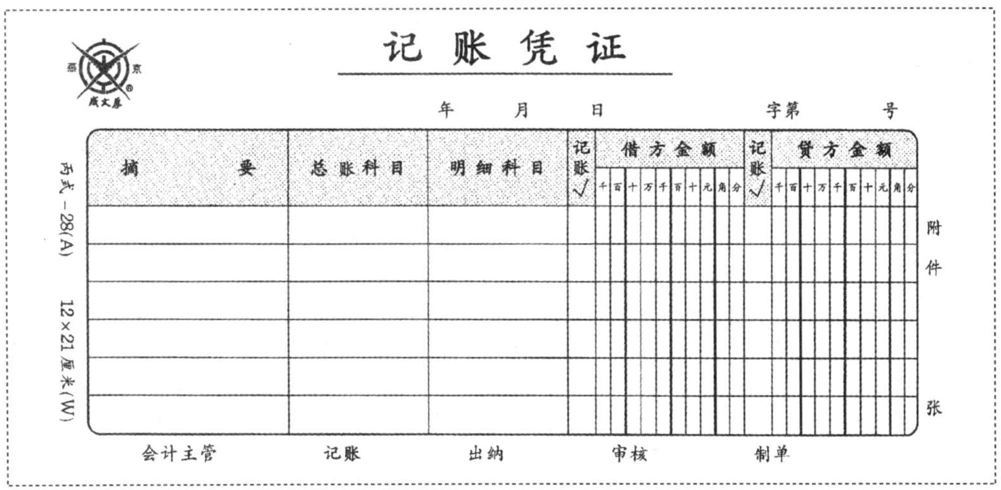

记 账 凭 证

年　　月　　日　　　　字第　　号

摘要	总账科目	明细科目	记账√	借方金额										记账√	贷方金额									
				千	百	十	万	千	百	十	元	角	分		千	百	十	万	千	百	十	元	角	分

丙式－28(A)　12×21厘米(W)

附件　　张

会计主管　　记账　　出纳　　审核　　制单

(4)

收款收据

第三联：收据联　　2013年 11 月 19 日　　编号：8

交款人（单位）	大明工贸有限公司							
摘　　要	违约金							
金额（大写）	壹万元整	万	千	百	十	元	角	分
		1	0	0	0	0	0	0

主管　　会计　　出纳 黄华　　制票 李璐

中国工商银行
转账支票存根
X Ⅵ00009874

附加信息

出票日期　2013 年 11 月 17 日

收款人：新科技发展有限公司
金　额：10000.00
用　途：违约金

单位主管　　会计

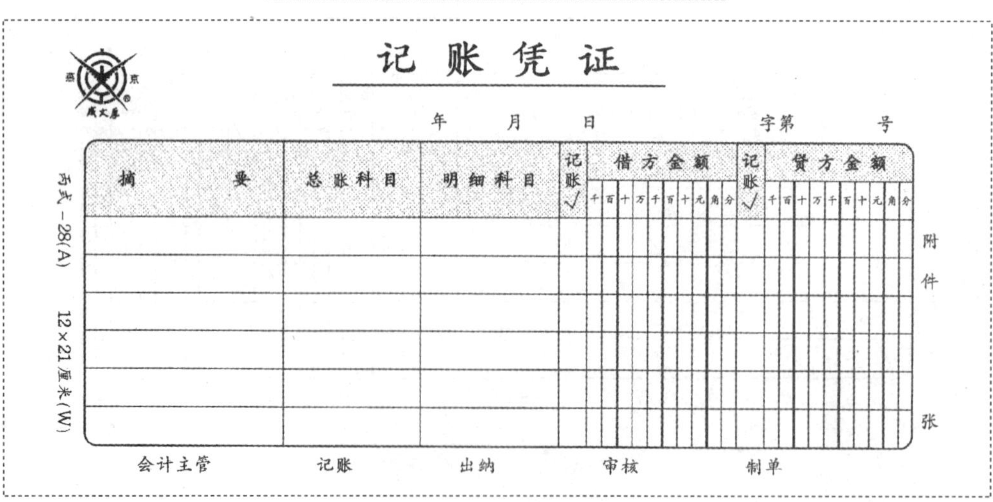

记 账 凭 证

年　月　日　　字第　号

摘　要	总账科目	明细科目	记账√	借方金额（千 百 十 万 千 百 十 元 角 分）	记账√	贷方金额（千 百 十 万 千 百 十 元 角 分）

丙式－28(A)　12×21厘米(W)

附件　张

会计主管　　记账　　出纳　　审核　　制单

（5）

中华人民共和国
税收通用缴款书

隶属关系：　　　　　　　　　　　　　　（20061）陕地缴电 0160758 号

经济类型：其他有限责任公司　填发日期　2013年11月20　征收机关：高新区地税局

缴款单位	代码	610102659671123	预算科目	编码	101010265
	全称	大明工贸有限公司		名称	税收滞纳金及罚款
	开户银行	工行长安路支行		级次	市级
	账号	21371859099774		收缴国库	西安市长安区支库
税款所属时期 2012年11月1日至2012年11月30日			税款限交日期 2011年11月25日		

品目名称	课税数量	计税金额或销售收入	税率或单位税额	已缴或扣除额	实缴金额
罚款					￥5000.00
金额合计	（大写）人民币伍仟元整				￥5000.00
缴款单位（人）（盖章）经办人（章）	税务机关（盖章）填票人（章）	上列税款已收妥并划转收款单位账户 国库（银行）盖章 2013年11月21日		备注：	

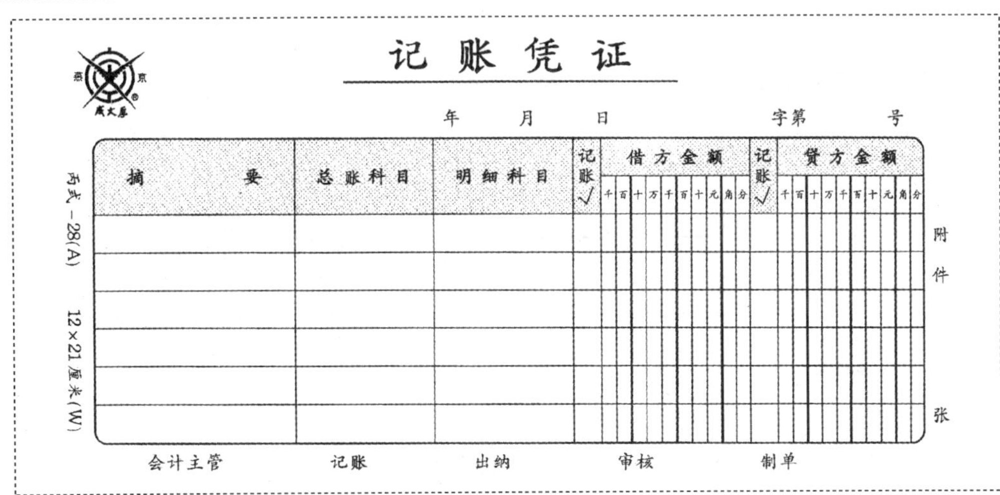

记账凭证

年　月　日　　字第　号

摘要	总账科目	明细科目	记账√	借方金额（千百十万千百十元角分）	记账√	贷方金额（千百十万千百十元角分）

附件　张

会计主管　记账　出纳　审核　制单

丙式－28(A)　12×21厘米(W)

（6）

地方税（费）综合纳税申报表

税务登记证件号码：□□□□□□□□□□　　管理代码：□□□□□□□

纳税人名称：大明工贸有限公司　税款所属时期：2013 年 1 月 1 日至 2013 年 12 月 31 日　金额单位：元

税种	税目	计税依据	所属时期	计税金额或数量	税（征收）率	应纳税（费）额	减免税（费）额	已纳税额	补（退）税（费）额
房产税	自用	余值	2013	66700 元	1.2%	800.00			
土地使用税	中城市	面积	2013	100 m^2	5/（元/m^2）	500.00			
车船税	载人车	数量	2013	2 辆	100/（元/辆）	200.00			
印花税	书据	金额	2013	1400000 元	0.5‰	700.00			
合计						2200.00			

纳税人或代理人声明：	如纳税人填报，由纳税人填写以下各栏：				受理机关（签章）：
此纳税申报表是根据国家税收法律的规定填报的，我确定它是真实的、可靠的、完整的。	办税人员（签章）	财务负责人（签章）	法定代表人（签章）	联系电话	
	如委托代理人填报，由代理人填写以下各栏：				受理日期：2013 年 12 月 28 日
	代理人名称	经办人（签章）	联系电话	代理人（公章）	

记 账 凭 证

年　月　日　　字第　号

丙式－28(A)　12×21厘米(W)

摘要	总账科目	明细科目	记账√	借方金额（千百十万千百十元角分）	记账√	贷方金额（千百十万千百十元角分）

附件　张

会计主管　记账　出纳　审核　制单

（7）损益类账户结转。

表 10-1　收入类账户发生净额

2013 年 11 月　　单位：元

账户名称	借或贷	发生净额
主营业务收入	贷方	500 000
其他业务收入	贷方	60 000
投资收益	贷方	8 000
营业外收入	贷方	20 000
合　计		588 000

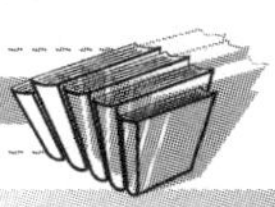

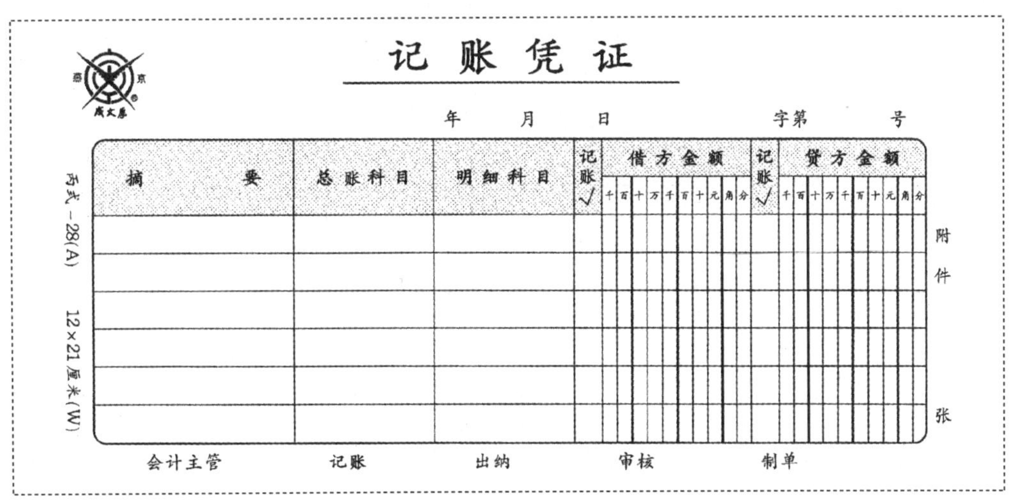

记 账 凭 证

年 月 日 字第 号

摘 要	总账科目	明细科目	记账√	借方金额	记账√	贷方金额
				千 百 十 万 千 百 十 元 角 分		千 百 十 万 千 百 十 元 角 分

附件 张

会计主管 记账 出纳 审核 制单

丙式－28(A) 12×21厘米(W)

表 10-2 费用类账户发生净额

2013 年 11 月 单位：元

账 户 名 称	借或贷	发生净额
主营业务成本	借方	300 000
其他业务成本	借方	40 000
营业税金及附加	借方	30 000
销售费用	借方	10 000
管理费用	借方	50 000
财务费用	借方	10 000
营业外支出	借方	18 000
合 计		458 000

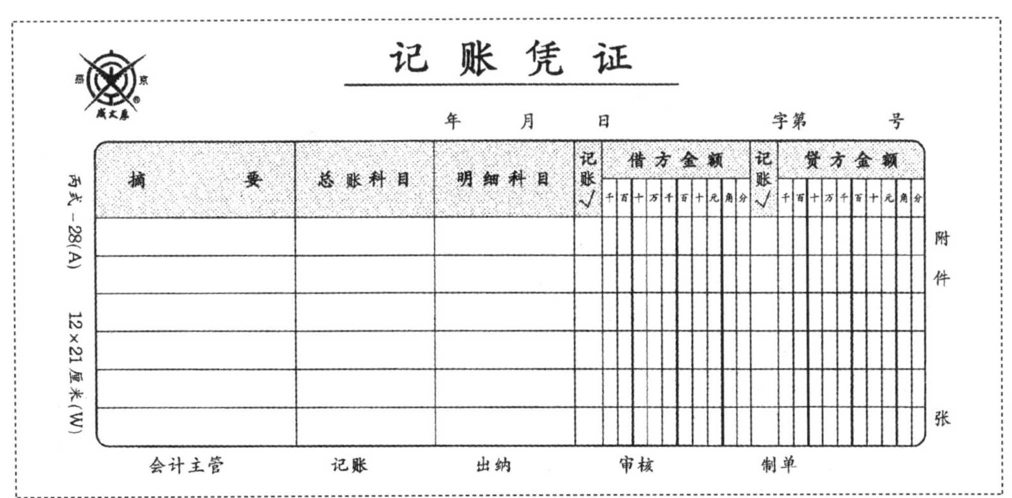

记 账 凭 证

年 月 日 字第 号

摘 要	总账科目	明细科目	记账√	借方金额	记账√	贷方金额
				千 百 十 万 千 百 十 元 角 分		千 百 十 万 千 百 十 元 角 分

附件 张

会计主管 记账 出纳 审核 制单

丙式－28(A) 12×21厘米(W)

记 账 凭 证

年　月　日　　　　字第　　号

丙式-28(A)　12×21厘米(W)

摘要	总账科目	明细科目	记账√	借方金额（千 百 十 万 千 百 十 元 角 分）	记账√	贷方金额（千 百 十 万 千 百 十 元 角 分）

附件　张

会计主管　　记账　　出纳　　审核　　制单

（8）先填写下列11月份纳税申报表。10月份弥补上年亏损后累计利润总额为500 000元，累计已预交所得税为125 000元。

附件1

中华人民共和国

企业所得税月(季)度预缴纳税申报表(A类)

税款所属期间：　年　月　日至　年　月　日

纳税人识别号：□□□□□□□□□□□□□□□□□

纳税人名称：　　　　　　　　金额单位：人民币元(列至角分)

行次	项目		本期金额	累计金额
1	一、据实预缴			
2	营业收入			
3	营业成本			
4	利润总额			
5	税率(25%)			
6	应纳所得税额（4行×5行）			
7	减免所得税额			
8	实际已缴所得税额		—	
9	应补（退）的所得税额（6行-7行-8行）		—	
10	二、按照上一纳税年度应纳税所得额的平均额预缴			
11	上一纳税年度应纳税所得额		—	
12	本月（季）应纳税所得额（11行÷12或11行÷4）			
13	税率(25%)		—	—
14	本月（季）应纳所得税额（12行×13行）			
15	三、按照税务机关确定的其他方法预缴			
16	本月（季）确定预缴的所得税额			
17	总分机构纳税人			
18	总机构	总机构应分摊的所得税额（9行或14行或16行×25%）		
19		中央财政集中分配的所得税额（9行或14行或16行×25%）		
20		分支机构分摊的所得税额(9行或14行或16行×50%)		
21	分支机构	分配比例		
22		分配的所得税额（20行×21行）		

谨声明：此纳税申报表是根据《中华人民共和国企业所得税法》、《中华人民共和国企业所得税法实施条例》和国家有关税收规定填报的，是真实的、可靠的、完整的。

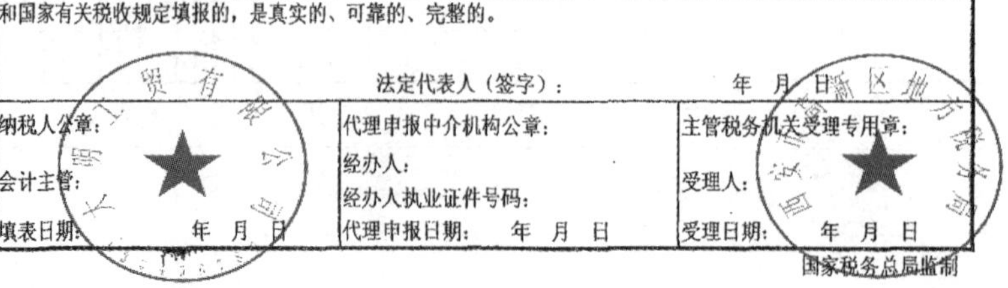

法定代表人（签字）：　　　　年　月　日

纳税人公章： 会计主管： 填表日期：　年　月　日	代理申报中介机构公章： 经办人： 经办人执业证件号码： 代理申报日期：　年　月　日	主管税务机关受理专用章： 受理人： 受理日期：　年　月　日

国家税务总局监制

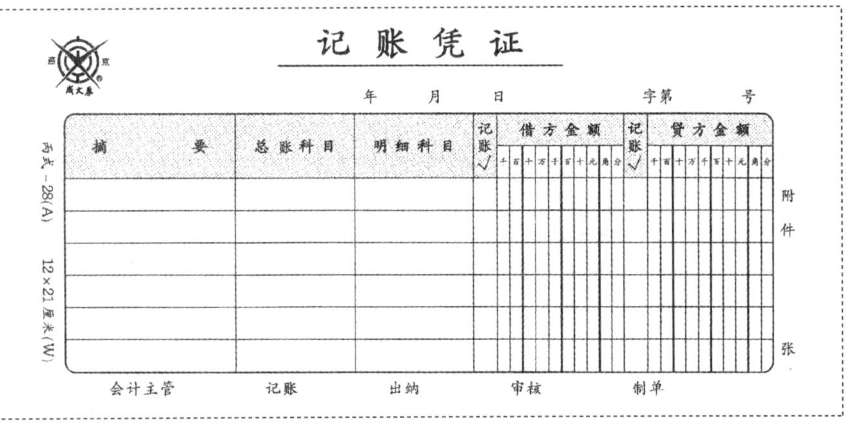

记 账 凭 证

年　月　日　　字第　号

摘要	总账科目	明细科目	记账√	借方金额 千百十万千百十元角分	记账√	贷方金额 千百十万千百十元角分

附件　张

会计主管　记账　出纳　审核　制单

丙式－28(A)　12×21厘米(W)

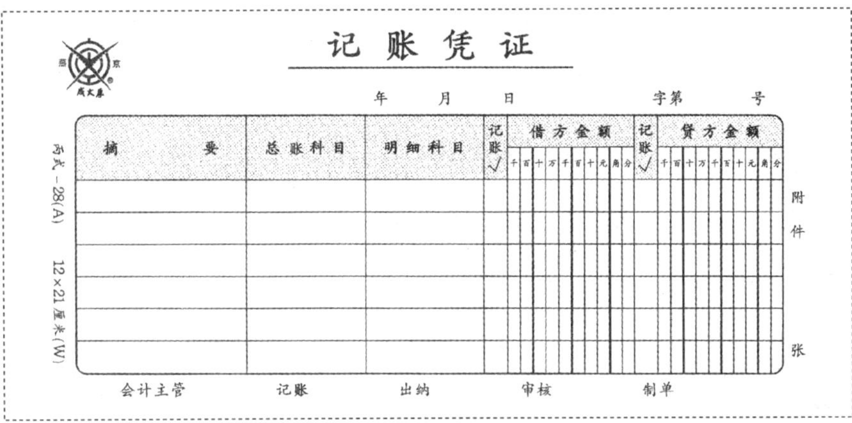

记 账 凭 证

年　月　日　　字第　号

摘要	总账科目	明细科目	记账√	借方金额 千百十万千百十元角分	记账√	贷方金额 千百十万千百十元角分

附件　张

会计主管　记账　出纳　审核　制单

丙式－28(A)　12×21厘米(W)

(9)

中华人民共和国

税收通用缴款书

隶属关系:　　　　（20061）陕地缴电 0160278 号

经济类型: 其他有限责任公司　填发日期　2013 年 12 月 10　征收机关: 高新区地税局

缴款单位	代码	610102659671728	预算科目	编码	101010168
	全称	大明工贸有限公司		名称	企业所得税
	开户银行	工行长安路支行		级次	市级
	账号	21371859099774		收缴国库	西安市长安区支库
税款所属时期 2012 年 11 月 1 日至 2012 年 11 月 30 日			税款限交日期 2012 年 12 月 15 日		

品目名称	课税数量	计税金额或销售收入	税率或单位税额	已缴或扣除额	实缴金额
企业所得税		630000	25%	125000	￥32500. 00
金额合计	（大写）人民币叁万贰仟伍佰元整				￥32500.00
缴款单位（人）（盖章）经办人（章）	税务机关（盖章）填票人（章）	上列税款已收妥并划转收款单位账户 国库(银行)盖章 2013 年 12 月 12 日		备注:	

（印章：大明工贸有限公司；西安高新区地方税务局；中国工商银行 转讫）

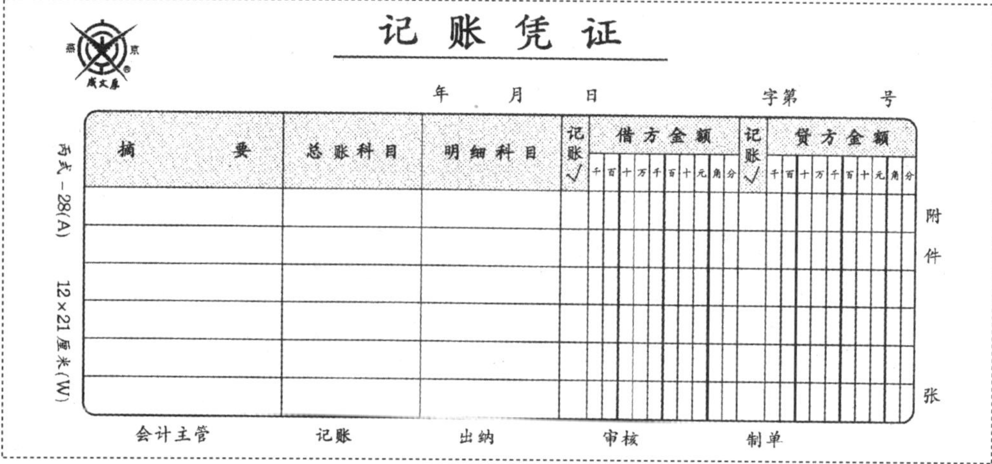

记 账 凭 证

年 月 日 字第 号

摘要	总账科目	明细科目	记账√	借方金额	记账√	贷方金额

附件 张

会计主管 记账 出纳 审核 制单

(10) 向利润分配账户结转。

净利润计算单

2013 年度实现净利润为 700000 元

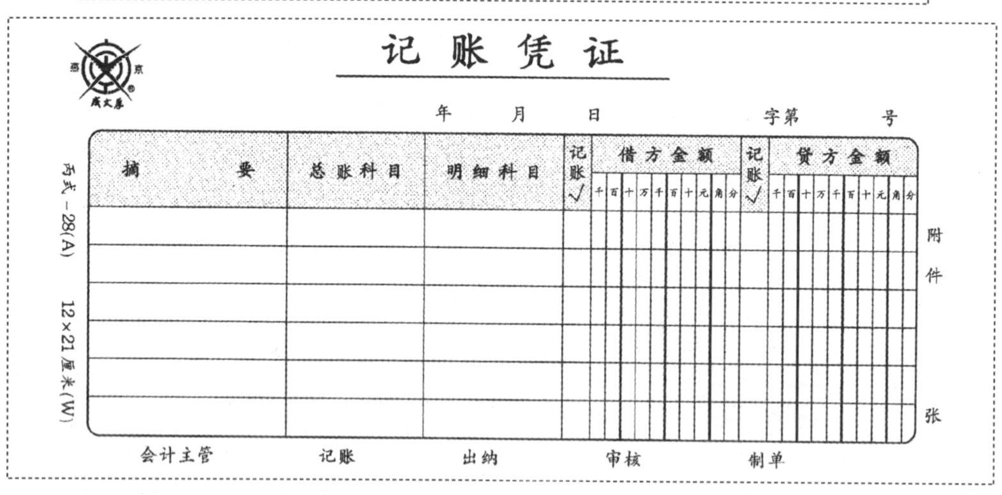

记 账 凭 证

年 月 日 字第 号

摘要	总账科目	明细科目	记账√	借方金额	记账√	贷方金额

附件 张

会计主管 记账 出纳 审核 制单

(11) 先填写下页企业所得税年度汇算清缴纳税申报表。

资料：

本年利润总额 875 000 元，适用企业所得税税率为 25%，全年已预交企业所得税 175 000 元。

本年度主营业务收入和其他业务收入共计 1 600 000 元。

全年业务招待费支出 25 000 元。

税务检查中被罚款 20 000 元。

企业通过民政局向灾区捐赠 10 000 元。

上年亏损 20 000 元，年初利润分配科目借方余额为 20 000 元。

从所投资的大秦公司分得股利 50 000 元，大秦公司适用企业所得税税率为 25%。

申报表中第1～12行资料略。

中华人民共和国企业所得税年度纳税申报表（A类）

税款所属期间：　　年　月　日至　　年　月　日

纳税人名称：

纳税人识别号：□□□□□□□□□□□□□□□□□□□□　　金额单位：元（列至角分）

类别	行次	项目	金额
利润总额计算	1	一、营业收入（填附表一）	
	2	减：营业成本（填附表二）	
	3	营业税金及附加	
	4	销售费用（填附表二）	
	5	管理费用（填附表二）	
	6	财务费用（填附表二）	
	7	资产减值损失	
	8	加：公允价值变动收益	
	9	投资收益	
	10	二、营业利润（1-2-3-4-5-6-7+8+9）	
	11	加：营业外收入（填附表一）	
	12	减：营业外支出（填附表二）	
	13	三、利润总额（10＋11－12）	
应纳税所得额计算	14	加：纳税调整增加额（填附表三）	
	15	减：纳税调整减少额（填附表三）	
	16	其中：不征税收入	
	17	免税收入	
	18	减计收入	
	19	减、免税项目所得	
	20	加计扣除	
	21	抵扣应纳税所得额	
	22	加：境外应税所得弥补境内亏损	
	23	纳税调整后所得（13＋14－15-19-21＋22）	
	24	减：弥补以前年度亏损（填附表四）	
	25	应纳税所得额（23－24）	
应纳税额计算	26	税率（25%）	
	27	应纳所得税额（25×26）	
	28	减：减免所得税额（填附表五）	
	29	减：抵免所得税额（填附表五）	
	30	应纳税额（27－28－29）	
	31	加：境外所得应纳所得税额（填附表六）	
	32	减：境外所得抵免所得税额（填附表六）	
	33	实际应纳所得税额（30＋31－32）	
	34	减：本年累计实际已预缴的所得税额	
	35	其中：汇总纳税的总机构分摊预缴的税额	
	36	汇总纳税的总机构财政调库预缴的税额	
	37	汇总纳税的总机构所属分支机构分摊的预缴税额	
	37-1	其中：本市总机构所属本市分支机构分摊的预缴税额	
	38	合并纳税（母子体制）成员企业就地预缴比例	
	39	合并纳税企业就地预缴的所得税额	
	40	本年应补（退）的所得税额（33－34）	
附列资料	41	以前年度多缴的所得税额在本年抵减额	
	42	以前年度应缴未缴在本年入库所得税额	

谨声明：此纳税申报表是根据《中华人民共和国企业所得税法》、《中华人民共和国企业所得税法实施条例》和国家有关税收规定填报的，是真实的、可靠的、完整的。

法定代表人（签字）：　　年　月　日

纳税人公章： 经办人： 申报日期：　年　月　日	代理申报中介机构公章： 经办人及执业证件号码： 代理申报日期：　年　月　日	主管税务机关受理专用章： 受理人： 受理日期：　年　月　日

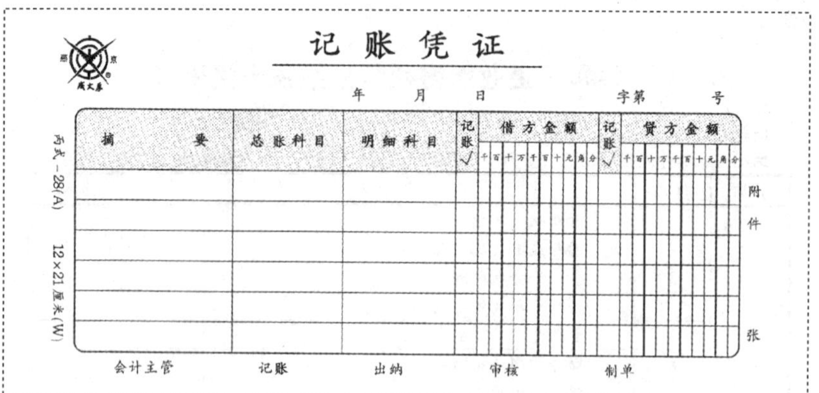

记 账 凭 证

年 月 日 字第 号

摘要	总账科目	明细科目	记账√	借方金额	记账√	贷方金额

附件 张

会计主管 记账 出纳 审核 制单

丙式－28(A) 12×21厘米(W)

（12）

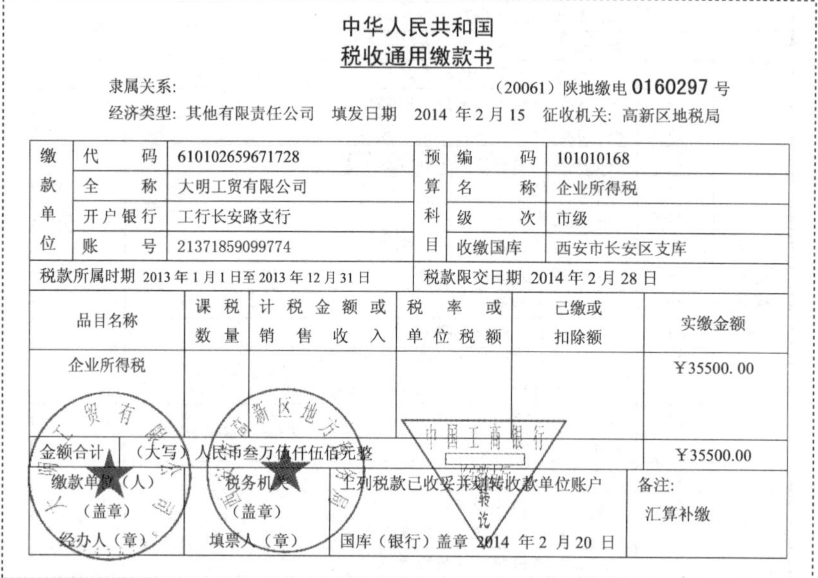

中华人民共和国
税收通用缴款书

隶属关系: （20061）陕地缴电 0160297 号

经济类型: 其他有限责任公司 填发日期 2014 年 2 月 15 征收机关: 高新区地税局

缴款单位			预算科目		
	代码	610102659671728		编码	101010168
	全称	大明工贸有限公司		名称	企业所得税
	开户银行	工行长安路支行		级次	市级
	账号	21371859099774		收缴国库	西安市长安区支库

税款所属时期 2013 年 1 月 1 日至 2013 年 12 月 31 日 税款限交日期 2014 年 2 月 28 日

品目名称	课税数量	计税金额或销售收入	税率或单位税额	已缴或扣除额	实缴金额
企业所得税					￥35500.00
金额合计	（大写）人民币叁万伍仟伍佰元整				￥35500.00

缴款单位（人）（盖章）经办人（章）	税务机关（盖章）填票人（章）	上列税款已收妥并划转收款单位账户 国库（银行）盖章 2014 年 2 月 20 日	备注: 汇算补缴

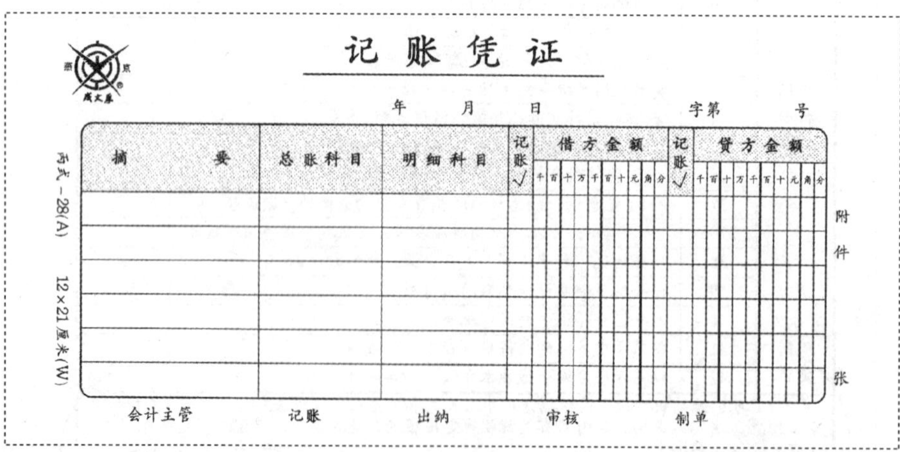

记 账 凭 证

年 月 日 字第 号

摘要	总账科目	明细科目	记账√	借方金额	记账√	贷方金额

附件 张

会计主管 记账 出纳 审核 制单

丙式－28(A) 12×21厘米(W)

（13）先填写利润分配方案。年初利润分配科目借方余额为 20 000 元。任意盈余公积按 20% 提取，剩余净利润向股东分配股利。

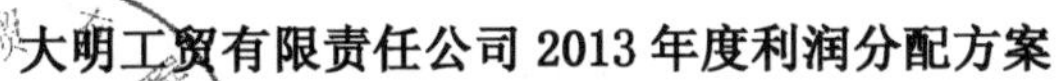

大明工贸有限责任公司 2013 年度利润分配方案

（2014 年 2 月 25 日股东会议通过）

全年可供分配净利润：　　　　元

提取法定盈余公积：　　　　元

提取任意盈余公积：　　　　元

分配股利：　　　　元

董事长：范志军

2014.2.25

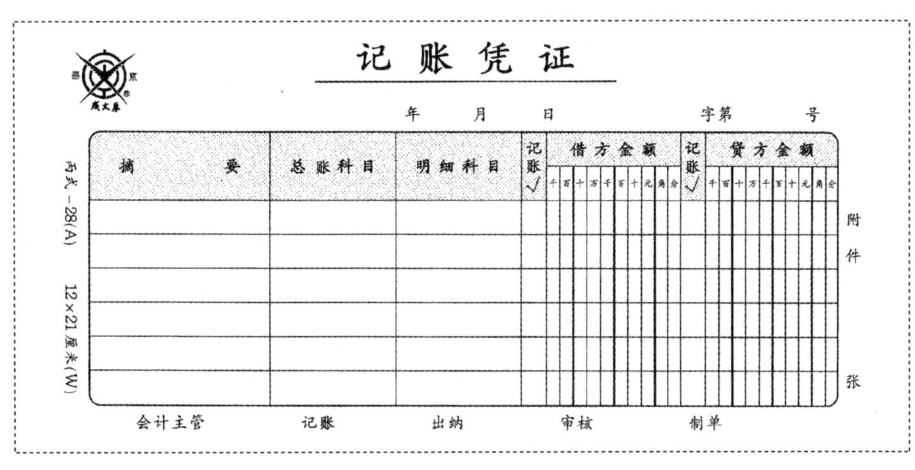

记 账 凭 证

年　月　日　　　　字第　　号

摘要	总账科目	明细科目	记账√	借方金额	记账√	贷方金额

附件　张

会计主管　　记账　　出纳　　审核　　制单

丙式-28(A)　12×21厘米(W)

（14）

表 10-3　股东利润分配表

户　名	账　号	金额/元
范志军	6222 3554 2310 3541 009	250 000.00
李　涛	6222 3548 0214 3654 223	101 150.00
吴　静	6222 0025 3254 3698 882	100 000.00
合计		451 150.00

中国工商银行

转账支票存根

XⅥ00009882

附加信息

按股东名单转账

出票日期 2014 年 2 月 27 日

收款人：范志军、李涛、吴静
金　额：451150.00
用　途：股利

单位主管　　　　会计

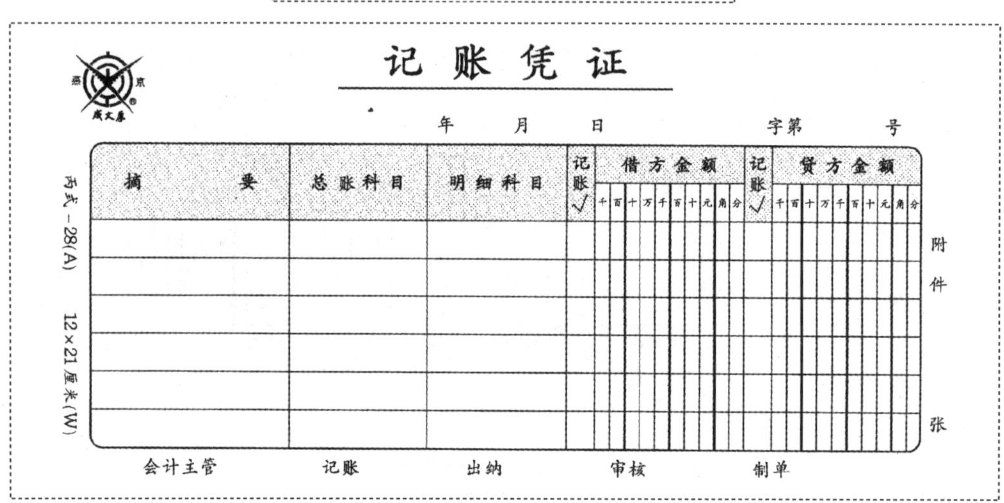

记　账　凭　证

燕京 成文厚

年　　月　　日　　　　字第　　　号

摘　要	总账科目	明细科目	记账√	借方金额										记账√	贷方金额									
				千	百	十	万	千	百	十	元	角	分		千	百	十	万	千	百	十	元	角	分

丙式－28(A)　12×21厘米(W)

附件　　张

会计主管　　记账　　出纳　　审核　　制单

11 实训十一 财务报表编制

宏建电工有限责任公司××年10月的总账科目余额表、损益类账户发生净额和银行存款日记账、库存现金日记账资料如下。

要求：编制10月份资产负债表、利润表和现金流量表，填入后面空白表中，年初余额、本年累计金额略。

表11-1 总账科目余额表

××年10月　　单位：元

科目名称	借方余额	贷方余额
库存现金	1 763	
银行存款	1 001 109	
应收票据	593 650	
应收账款	3 989 375	
预付账款	528 750	
其他应收款	516 412	
原材料	2 696 625	
周转材料	70 500	
库存商品	1 515 750	
固定资产	10 011 000	
在建工程	680 325	
无形资产	477 637	
长期待摊费用	315 488	
累计摊销		18 947
累计折旧		1 360 650
短期借款		2 115 000
应付票据		641 550
应付账款		846 000

（续）

科目名称	借方余额	贷方余额
预收账款		84 157
应付职工薪酬		1 521
应交税费		264 375
应付利润		120 000
其他应付款		623 925
长期借款		9 812 500
实收资本		5 434 784
盈余公积		607 475
本年利润		55 000
利润分配		412 500
合　计	22 398 384	22 398 384

补充资料：长期借款中 1 年内到期的部分有 500 000 元。

表 11-2　损益类账户发生净额　　单位：元

科　目	借方发生额	科　目	贷方发生额
主营业务成本	11 829 900	主营业务收入	18 083 250
其他业务成本	588 250	其他业务收入	764 500
营业税金及附加	1 092 750	投资收益	125 700
销售费用	981 250	营业外收入	931 288
管理费用	639 255		
财务费用	705 620		
营业外支出	531 013		
所得税费用	884 175		

补充资料：

（1）应交税费明细账户贷方发生额：城建税 700 000 元，教育费附加 390 000 元，车船税 2 000元，印花税 250 元，营业税 500 元。

（2）销售费用明细账：产品保修费 5 000 元，广告费 15 000 元。

（3）管理费用明细账：业务招待费 5 000 元。

（4）财务费用中：利息费用 700 000 元。

（5）营业外支出中：坏账损失 500 000 元。

（6）营业外收入中无政府补助。

银行存款日记账

年 月	日	凭证编号	摘要	借方										贷方										余额									
月	日			千	百	十	万	千	百	十	元	角	分	千	百	十	万	千	百	十	元	角	分	千	百	十	万	千	百	十	元	角	分
10			月初余额																							1	7	3	6	0	0	0	0
	1	收 1	收胜利厂投资			2	0	0	0	0	0	0	0													3	7	3	6	0	0	0	0
	2	付 1	付购材料款														4	6	8	0	0	0	0										
	2	付 2	付广告费															4	5	0	0	0	0			3	2	2	3	0	0	0	0
	3	付 4	购国库券														2	0	0	0	0	0	0			3	0	2	3	0	0	0	0
	5	付 5	购机床一台														2	0	0	0	0	0	0			2	8	2	3	0	0	0	0
	8	收 2	收伟光公司货款				3	0	0	0	0	0	0																				
	8	付 6	付财产保险费															3	6	0	0	0	0			3	0	8	7	0	0	0	0
	9	收 3	收商贸公司货款			3	0	8	8	8	0	0	0																				
	9	付 7	付购材料款														4	6	7	1	5	0	0			5	7	0	8	6	5	0	0
	10	付 8	提现金														2	8	2	0	0	0	0										
	10	付 10	交税													1	6	7	2	0	0	0	0			3	7	5	4	6	5	0	0
	12	付 12	付利达公司货款													2	1	0	0	0	0	0	0			1	6	5	4	6	5	0	0
	13	收 4	银行借款			3	0	0	0	0	0	0	0													4	6	5	4	6	5	0	0
	14	付 13	购买办公用品																6	0	0	0	0			4	6	4	8	6	5	0	0
	15	收 5	销售产品			2	7	6	1	2	0	0	0													7	4	0	9	8	5	0	0
	18	付 15	归还借款														8	0	0	0	0	0	0			6	6	0	9	8	5	0	0
	19	付 16	付设备维修费															2	0	0	0	0	0			6	5	8	9	8	5	0	0
	20	收 6	银行借款			2	0	0	0	0	0	0	0													8	5	8	9	8	5	0	0
	22	收 7	出售股票				6	0	9	0	0	0	0													9	1	9	8	8	5	0	0
	23	付 17	付车间电费															6	2	0	0	0	0			9	1	3	6	8	5	0	0
			本月合计		1	3	7	5	9	0	0	0	0			6	3	5	8	1	5	0	0			9	1	3	6	8	5	0	0

现金日记账

年 月	日	凭证编号	摘要	借方										贷方										余额									
月	日			千	百	十	万	千	百	十	元	角	分	千	百	十	万	千	百	十	元	角	分	千	百	十	万	千	百	十	元	角	分
10			月初余额																									3	0	0	0	0	0
	2	付 3	预借差旅费																5	0	0	0	0					2	5	0	0	0	0
	8	收 8	宗良交回差费余额							3	0	0	0															2	5	3	0	0	0
	10	付 8	提现金				2	8	2	0	0	0	0																				
	10	付 9	发放工资														2	8	2	0	0	0	0					2	5	3	0	0	0
	11	付 11	付办公用品费																2	2	0	0	0					2	3	1	0	0	0
	18	付 14	报销医疗费																4	3	0	0	0					1	8	8	0	0	0
	23	付 18	支付招待费																7	0	0	0	0					1	1	8	0	0	0
			本月合计				2	8	2	3	0	0	0				3	0	0	5	0	0	0					1	1	8	0	0	0

表 11-3　资产负债表

会小企 01 表

编制单位：　　　　年　月　日　　　　单位：元

资　　产	期末余额	年初余额	负债和所有者权益	期末余额	年初余额
流动资产：			流动负债：		
货币资金			短期借款		
短期投资			应付票据		
应收票据			应付账款		
应收账款			预收账款		
预付账款			应付职工薪酬		
应收股利			应交税费		
应收利息			应付利息		
其他应收款			应付利润		
存货			其他应付款		
其中：原材料			其他流动负债		
在产品			流动负债合计		
库存商品					
周转材料			非流动负债：		
其他流动资产			长期借款		
流动资产合计			长期应付款		
非流动资产：			递延收益		
长期债券投资			其他非流动负债		
长期股权投资			非流动负债合计		
固定资产原价			负债合计		
减：累计折旧					
固定资产账面价值					
在建工程					
工程物资					
固定资产清理					
生产性生物资产			所有者权益(或股东权益)		
无形资产			实收资本(或股本)		
开发支出			资本公积		
长期待摊费用			盈余公积		
其他非流动资产			未分配利润		
非流动资产合计			所有者权益(或股东权益)合计		
资产总计			负债和所有者权益总计		

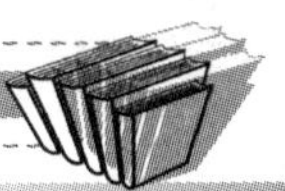

表 11-4 利润表

会小企 02 表

编制单位： 年 月 单位：元

项 目	本年累计金额	本月金额
一、营业收入		
减：营业成本		
营业税金及附加		
其中：消费税		
营业税		
城市维护建设税		
资源税		
土地增值税		
城镇土地使用税、房产税、车船税、印花税		
教育费附加、矿产资源补偿费、排污费		
销售费用		
其中：商品维修费		
广告费和业务宣传费		
管理费用		
其中：开办费		
业务招待费		
研究费用		
财务费用		
其中：利息费用(收入以“-”号填列)		
加：投资收益(损失以“-”号填列)		
二、营业利润(亏损以“-”号填列)		
加：营业外收入		
其中：政府补助		
减：营业外支出		
其中：坏账损失		
无法收回的长期债券投资损失		
无法收回的长期股权投资损失		
自然灾害等不可抗力因素造成的损失		
税收滞纳金		
三、利润总额(亏损总额以“-”号填列)		
减：所得税费用		
四、净利润(净亏损以“-”号填列)		

表 11-5 现金流量表

会小企 03 表

编制单位： 年 月 单位：元

项 目	本年累计金额	本月金额
一、经营活动产生的现金流量		
销售产成品、商品，提供劳务收到的现金		
收到其他与经营活动有关的现金		
购买材料、商品，接受劳务支付的现金		
支付的职工薪酬		
支付的税费		
支付的其他与经营活动有关的现金		
经营活动产生的现金流量净额		
二、投资活动产生的现金流量		
收回短期投资、长期债券投资和长期股权投资收到的现金		
取得投资收益收到的现金		
处置固定资产、无形资产和其他非流动资产收回的现金净额		
短期投资、长期债券投资和长期股权投资支付的现金		
购建固定资产、无形资产和其他非流动资产支付的现金		
投资活动产生的现金流量净额		
三、筹资活动产生的现金流量		
取得借款收到的现金		
吸收投资者投资收到的现金		
偿还借款本金支付的现金		
偿还借款利息支付的现金		
分配利润支付的现金		
筹资活动产生的现金流量净额		
四、现金净增加额		
加：期初现金余额		
五、期末现金余额		

综合模拟实训

实 训 用 品

1. 总分类账：17 张（每页一个账户）

设置账户：34 个

银行存款	累计折旧	长期借款	营业外收入
库存现金	固定资产清理	实收资本	主营业务成本
原材料	长期待摊费用	盈余公积	营业税金及附加
周转材料	应付账款	本年利润	销售费用
库存商品	应付职工薪酬	利润分配	管理费用
应收账款	应交税费	生产成本	财务费用
其他应收款	应付利息	制造费用	营业外支出
待处理财产损溢	应付利润	主营业务收入	所得税费用
固定资产	其他应付款		

2. 三栏式明细账：9 张（每页一个账户）

（1）应收账款明细账：1 张

（2）其他应收账款明细账：1 张

（3）应付账款明细账：1 张

（4）应交税费明细账：2 张

（5）应付职工薪酬明细账：2 张

（6）固定资产明细账：2 张

3. 数量金额式明细账：2 张（每页一个账户）

（1）原材料明细账：1 张

（2）库存商品明细账：1 张

4. 多栏式明细账

（1）生产成本明细账：1 张（每页一个账户）

（2）制造费用明细账：1 张

（3）管理费用明细账：1 张

5. 日记账

（1）银行存款日记账：1 张

（2）现金日记账：1 张

6. 记账凭证：50 张

7. 凭证封面：1 张

8. 总账科目余额表（试算平衡表）：附后

9. 会计报表：附后

实 训 资 料

1. 企业概况

企业名称：永兴机械有限责任公司

所属行业：工业，为增值税一般纳税人

董事长(法人代表)：张华

财务主管：王志宏

2. 永兴机械有限责任公司 11 月末总账账户和有关明细账户余额如下：

综合表 1　总账账户余额　　单位：元

科　　目	借方余额	科　　目	贷方余额
银行存款	111 000	累计折旧	13 500
库存现金	10 800	应付职工薪酬	30 000
原材料	5 000	长期借款	60 000
库存商品	3 000	应付账款	8 200
周转材料	1 800	应交税费	990
应收账款	1 000	应付利息	300
其他应收款	1 200	本年利润	6 710
固定资产	80 000	实收资本	100 000
利润分配	5 900		
合　　计	219 700	合　　计	219 700

综合表 2　原材料明细账户余额

品名	数量/kg	单价/元	金额/元
A 材料	500	4.00	2 000
B 材料	1 500	2.00	3 000
合　计	—	—	5 000

综合表 3　库存商品明细账户余额

品名	数量/件	单价/元	金额/元
C101	20	80.00	1 600
C102	20	70.00	1 400
合计	—	—	3 000

应收账款明细账户余额：三洋公司 1 000 元

其他应收款明细账户余额：周斌 1 200 元

应付账款明细账户余额：昌达公司 1 500 元
　　利宏公司 6 700 元

应交税费明细账户余额：应交增值税 900 元
　　应交城建税和教育费附加 90 元

应付职工薪酬明细账户余额：工资 21 950 元
　　职工福利费 5 000 元
　　社会保险费 3 050 元

固定资产明细账户余额：机床 73 000 元
　　计算机 5 000 元
　　打印机 1 000 元
　　保险柜 1 000 元

实 训 练 习

永兴公司12月份发生的经济业务的原始凭证如下。根据原始凭证填制记账凭证，登记账簿，月末结账、试算平衡，编制会计报表。

（1）

实 物 入 库 凭 证

交物单位：昌达商贸股份有限公司 2013年12月5日　　　字第1号

品名	数量	单位	单价	金额									备考
				百	十	万	千	百	十	元	角	分	
A材料	2000	kg	4.00			¥	8	0	0	0	0	0	
B材料	3000	kg	2.00			¥	6	0	0	0	0	0	
合计	壹万肆仟元整											14000.00	

负责人：　　会计：　　保管：王亮　　交物人：李强

36121452154　　**陕西增值税专用发票**　　No 02383812

发票联　　开票日期：2013年12月5日

购货单位	名称：永兴机械有限责任公司 纳税人识别号：15002462647534X 地址、电话：西安市长安南路 029-88430586 开户行及账号：工行长安路支行 101014788680920011				密码区	（略）	
货物或应税劳务名称	规格型号	单位	数量	单价	金额	税率	税额
A材料		kg	2000	4.00	8000.00	17%	1360.00
B材料		kg	3000	2.00	6000.00	17%	1020.00
合计					¥14000.00		¥2380.00
价税合计（大写）	壹万陆仟叁佰捌拾元整						（小写）¥16380.00
销货单位	名称：昌达商贸股份有限公司 纳税人识别号：610188146622317 地址、电话：咸阳市高新区 029-36891245 开户行及账号：中行高新区支行 21371859091002				备注	昌达商贸股份有限公司 发票专用章	

收款人：　　复核：　　开票人：李华　　开票单位：（章）

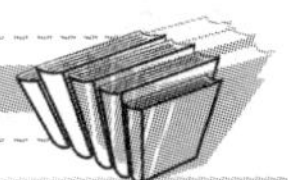

中国工商银行
转账支票存根
XⅥ00001253

附加信息

出票日期 2013 年 12 月 6 日

收款人：昌达商贸股份有限公司
金　额：16380.00
用　途：货款

单位主管　　　　会计

（2）

中华人民共和国
税收通用缴款书

隶属关系:　　　　（20061）陕国缴电 0160234 号

经济类型: 其他有限责任公司　　填发日期　2013 年 12 月 6 日　　征收机关: 高新区国税局

缴款单位	代码	610102659671728	预算科目	编码	101010163
	全称	永兴机械有限责任公司		名称	股份制企业增值税
	开户银行	工行长安路支行		级次	中央 75%省 7.5%市 12.25%区 5.25%
	账号	101014788680920011		收缴国库	西安市长安区支库
税款所属时期 2013 年 11 月 1 日至 2013 年 11 月 30 日			税款限交日期 2013 年 12 月 15 日		

品目名称	课税数量	计税金额或销售收入	税率或单位税额	已缴或扣除额	实缴金额
增值税		30552.94	17%	￥4294.00	￥900.00
金额合计	（大写）人民币玖佰元整				￥900.00
缴款单位（人）（盖章）经办人（章）	税务机关（盖章）填票人（章）	上列税款已收妥并划转收款单位账户 国库（银行）盖章 2013 年 12 月 7 日		备注:	

（3）

中华人民共和国
税收通用缴款书

隶属关系：　　　　　　　　　　　　（20061）陕国缴电 0160234 号

经济类型：其他有限责任公司　　填发日期　2013 年 12 月 6 日　　征收机关：高新区地税局

缴款单位	代码	610102659671728	预算科目	编码	101010163
	全称	永兴机械有限责任公司		名称	城建税、教育费附加
	开户银行	工行长安路支行		级次	市级
	账号	101014788680920011		收缴国库	西安市长安区支库
税款所属时期 2013 年 11 月 1 日至 2013 年 11 月 30 日			税款限交日期 2013 年 12 月 15 日		

品目名称	课税数量	计税金额或销售收入	税率或单位税额	已缴或扣除额	实缴金额
城建税		900.00	7%		63.00
教育费附加		900.00	3%		27.00
金额合计 （大写）人民币玖拾元整					￥90.00
缴款单位（人）（盖章）经办人（章）	税务机关（盖章）填票人（章）	上列税款已收妥并划转收款单位账户 国库（银行）盖章 2013 年 12 月 7 日		备注：	

（4）

西安市商业普通发票

610402104221　　　　　发　　票　　联　　　　　国税（02）工商二联

2013 年 12 月 7 日　　　　　　　　　　　　　　№ 0352634

购货单位（人）	名称	永兴公司	地址电话	西安市长安南路 029-88430586						
品名规格	单位	数量	单价	金额						
				万	千	百	十	元	角	分
打印纸	包	2	15.00			￥	3	0	0	0
合计（大写）	叁拾元整					￥	3	0	0	0
销货单位 名称	华盛文具商店		纳税人识别号	765567462331875						
销货单位 地址	西安市长安路 16 号		电话	8269912						

开票人：刘芳　　　　　　　　　　　　　　　销货单位（章）

现金付出凭证

第二联：交会计

2013年12月7日　　第 1 号

<table>
<tr><td>付　给 赵利购办公用品 款</td><td>备　注</td></tr>
<tr><td>计人民币（大写）叁拾元整</td><td rowspan="2">30.00</td></tr>
<tr><td>领款人（签名）赵利</td></tr>
</table>

负责人　　会计 张娟　　出纳 赵利

（5）

陕西增值税专用发票

36121458791　　No 02473563

此联不作为报销、扣税凭证使用　　开票日期：2013年12月8日

<table>
<tr><td>购货单位</td><td colspan="5">名　称：志诚工贸有限责任公司
纳税人识别号：250024626475123
地址、电话：咸阳市东风路 029- 38430586
开户行及账号：工行东风路支行 102354788680922253</td><td>密码区</td><td colspan="2">（略）</td></tr>
<tr><td colspan="2">货物或应税劳务名称</td><td>规格型号</td><td>单位</td><td>数量</td><td>单价</td><td>金额</td><td>税率</td><td>税额</td></tr>
<tr><td colspan="2">C101</td><td></td><td>件</td><td>100</td><td>160.0</td><td>16000.00</td><td>17%</td><td>2720.00</td></tr>
<tr><td colspan="2">合　计</td><td></td><td></td><td></td><td></td><td>¥16000.00</td><td></td><td>¥2720.00</td></tr>
<tr><td colspan="2">价税合计（大写）</td><td colspan="7">壹万捌仟柒佰贰拾元整　　（小写）¥18720.00</td></tr>
<tr><td>销货单位</td><td colspan="5">名　称：永兴机械有限责任公司
纳税人识别号：15002462647534X
地址、电话：西安市长安南路 029-88430586
开户行及账号：工行长安路支行 101014788680920011</td><td>备注</td><td colspan="2"></td></tr>
</table>

收款人：　　复核：　　开票人：张娟　　开票单位:（章）

(6)

中国工商银行 电汇凭证（回单）

□普通 □加急 委托日期 2013 年 12 月 9 日

汇款人	全称	永兴机械有限责任公司	收款人	全称	昌达商贸股份有限公司
	账号	1010147886809200011		账号	21371859091002
	汇出地点	陕西 省 西安 市/县		汇入地点	陕西 省 咸阳 市/县
汇出行名称		工行长安路支行	汇入行名称		中行高新区支行

金额	人民币（大写）	亿	千	百	十	万	千	百	十	元	角	分
	壹仟伍佰元整					¥	1	5	0	0	0	0

汇出行签章	支付密码
中国工商银行 长安路支行 转讫	复核 记账

(7)

西安市工业普通发票

610402104311 发 票 联 国税（02）工商二联

2013 年 12 月 10 日 №0452658

购货单位（人）	名称	永兴公司	地址电话	西安市长安南路 029-88430586						
品名规格	单位	数量	单价	金额						
				万	千	百	十	元	角	分
广告册	册	100	2.00		¥	2	0	0	0	0
合计（大写）		贰佰元整			¥	2	0	0	0	0
销货单位	名称	光华印刷有限公司	纳税人识别号	565567462361878						
	地址	西安市长安路28号	电话	8262356						

开票人：刘芳 销货单位（章）光华印刷有限公司 发票专用章

中国工商银行
转账支票存根
XⅥ00001253

附加信息

出票日期 2013 年 12 月 10 日

收款人：	光华印刷有限公司
金　额：	200.00
用　途：	货款

单位主管　　　　会计

（8）

36121458792　　**陕西增值税专用发票**　　No 02473564

此联不作为报销、扣税凭证使用　　开票日期：2013 年 12 月 11 日

<table>
<tr><td rowspan="4">购货单位</td><td>名　　称：</td><td colspan="4">兴隆实业有限责任公司</td><td rowspan="4">密码区</td><td colspan="3" rowspan="4">（略）</td></tr>
<tr><td>纳税人识别号：</td><td colspan="4">250024626475258</td></tr>
<tr><td>地 址、电 话：</td><td colspan="4">咸阳市朝阳二路　029- 38414589</td></tr>
<tr><td>开户行及账号：</td><td colspan="4">工行朝阳路支行　102354788680922253</td></tr>
<tr><td colspan="2">货物或应税劳务名称</td><td>规格型号</td><td>单 位</td><td>数 量</td><td>单 价</td><td colspan="2">金　额</td><td>税 率</td><td>税　额</td></tr>
<tr><td colspan="2">C101</td><td></td><td>件</td><td>100</td><td>160.00</td><td colspan="2">16000.00</td><td>17%</td><td>2720.00</td></tr>
<tr><td colspan="2">C102</td><td></td><td>件</td><td>200</td><td>150.00</td><td colspan="2">30000.00</td><td>17%</td><td>5100.00</td></tr>
<tr><td colspan="2">合　　计</td><td></td><td></td><td></td><td></td><td colspan="2">￥46000.00</td><td></td><td>￥7820.00</td></tr>
<tr><td colspan="2">价税合计（大 写）</td><td colspan="8">伍万叁仟捌佰贰拾元整　　（小写）￥53820.00</td></tr>
<tr><td rowspan="4">销货单位</td><td>名　　称：</td><td colspan="4">永兴机械有限责任公司</td><td rowspan="4">备注</td><td colspan="3" rowspan="4"></td></tr>
<tr><td>纳税人识别号：</td><td colspan="4">15002462647534X</td></tr>
<tr><td>地 址、电 话：</td><td colspan="4">西安市长安南路　029-88430586</td></tr>
<tr><td>开户行及账号：</td><td colspan="4">工行长安路支行　101014788680920011</td></tr>
</table>

收款人：　　复核：　　开票人：张娟　　开票单位：（章）

中国工商银行 进 账 单（收账通知）

2013 年 12 月 15 日

出票人	全称	兴隆实业有限责任公司	收款人	全称	永兴机械有限责任公司
	账号	102354788680922253		账号	101014788680920011
	开户银行	工行朝阳路支行		开户银行	工行长安路支行

金额	亿	千	百	十	万	千	百	十	元	角	分
人民币（大写）伍万叁仟捌佰贰拾元整				¥	5	3	8	2	0	0	0

票据种类	转账支票	票据张数	壹
票据号码	X VI00002587		
	复核　记账		

（中国工商银行 长安路支行 转讫）

开户银行签章

（9）

中国工商银行 网上银行电子回单

电子回单号码：0006-5178-7213-1245

付款人	户名	永兴机械有限责任公司	收款人	户名	永兴机械有限责任公司
	账号	101014788680920011		账号	101014788680921235
	开户银行	工行长安路支行		开户银行	工行长安路支行
金额		人民币（大写） 贰万元整 ¥20000.00 元			
摘要		发工资	业务（产品）种类		转账
用途					
交易流水号		87910021	时间戳		2013-12-13-10.45.32.484395
（中国工商银行 电子回单专用章）		备注：			
		验证码：28myiloooojkhgdsawearty=			

记账网点	5478	记账柜员	14522	记账日期	2013 年 12 月 13 日

打印日期：2013 年 12 月 16 日

综合表 4　工资结算表

2013 年 11 月

姓　名	应发工资						应扣工资			实发工资	备注
	基本工资	加班工资	提成工资	午餐补贴	话费补贴	合计	社会保险费	住宿费	合计		
张　华	5 000			100	100	5 200	300		300	4 900	
王志宏	4 260			100	80	4 440	200		200	4 240	
李　强	1 200	70		110	50	1 430	150		150	1 280	
赵　利	1 000	50		110		1 160	100		100	1 060	
管理人员小计	11 460	120		420	230	12 230	750		750	10 480	
周　斌	500		1 500	100	50	2 150	120		120	2 030	
史　超	500		1 000	100	50	1 650	120		120	1 530	
销售人员小计	1 000		2 500	200	100	3 800	240		240	3 560	
郑　江	800	200		110		1 110	120	50	170	940	
吴　海	800	200		110		1 110	120	50	170	940	
林　锋	800	150		100		1 050	120	50	170	880	
张　建	700	100		100		900	100	50	150	750	
田　虎	700	50		100		850	100	50	150	700	
陈　林	700	100		100		900	100	50	150	750	
生产工人小计	4 500	800		620		5 920	660	300	960	4 960	
总计	16 960	920	2 500	1 240	330	21 950	1 650	300	1 950	20 000	转账

（10）办公室租期两年。

西安市商业普通发票

发　票　联

610402104221　　国税（02）工商二联

2013 年 12 月 12 日　　No 0352634

购货单位（人）	名称	永兴公司	地址电话	西安市长安南路　029-88430586						
品名规格	单位	数量	单价	金额						
				万	千	百	十	元	角	分
装饰材料				¥	3	0	0	0	0	0
合计（大写）	叁仟元整			¥	3	0	0	0	0	0
销货单位 名称	华龙装修部		纳税人识别号	15222531013						
销货单位 地址	西安市吉祥路 85 号		电话	82658231						

开票人：赵志合　　销货单（章）

中国工商银行
转账支票存根
X Ⅵ00001253

附加信息

出票日期 2013 年 12 月 12 日

收款人：华龙装修部
金　额：3000.00
用　途：办公室装修费

单位主管　　　　会计

(11)

36121452549　　**陕西增值税专用发票**　　No 02383812

发票联　　开票日期：2013 年 12 月 17 日

购货单位	名　　称：永兴机械有限责任公司 纳税人识别号：15002462647534X 地址、电话：西安市长安南路　029-88430586 开户行及账号：工行长安路支行　101014788680920011				密码区	（略）	
货物或应税劳务名称	规格型号	单位	数量	单价	金额	税率	税额
A 材料		kg	1000	4.02	4020.00	17%	683.40
B 材料		kg	1500	2.02	3030.00	17%	515.10
合　　计					¥7050.00		¥1198.50
价税合计（大写）	捌仟贰佰肆拾捌元伍角整					（小写）¥8248.50	
销货单位	名　　称：昌达商贸股份有限公司 纳税人识别号：610188146622317 地址、电话：咸阳市高新区 029-36891245 开户行及账号：中行高新区支行　21371859091002				备注	昌达商贸股份有限公司 发票专用章	

收款人：　　　复核：　　　开票人：李华　　　开票单位：（章）

实物入库凭证

交物单位：昌达商贸股份有限公司 2013年12月15日 字第2号

品名	数量	单位	单价	金额									备考
				百	十	万	千	百	十	元	角	分	
A材料	1000	kg	4.02			￥	4	0	2	0	0	0	
B材料	1500	kg	2.02			￥	3	0	3	0	0	0	
合计	柒仟零伍拾元整											7050.00	

负责人： 会计： 保管：王亮 交物人：李强

（12）

陕西省西安市报刊征订专用发票

发 票 联

开票日期：2013年12月18日 发票号码：00015376

户名	永兴机械有限责任公司									
报刊代号	报刊名称	起止订期	份数	金额						
				万	千	百	十	元	角	分
1-153	市场报	1-12月	1		￥	2	0	0	0	0
合计人民币（大写）	贰佰元整				￥	2	0	0	0	0

收款单位（盖章） 收款人： 开票人：王丽

现金付出凭证

第二联：交会计

2013年12月18日 第2号

	备 注
付 给 报刊征订 款	
计人民币（大写）贰佰元整	
领款人（签名） 赵利	200.00

负责人 会计 张娟 出纳 赵利

（13）

借 款 单

2013 年 12 月 18 日　　第 1 号

<table>
<tr><td>工作部门</td><td colspan="3">销售</td><td colspan="2">借款人姓名</td><td colspan="7">史超</td></tr>
<tr><td rowspan="2">借款金额</td><td colspan="4" rowspan="2">（大写）伍百元整</td><td>万</td><td>千</td><td>百</td><td>十</td><td>元</td><td>角</td><td>分</td></tr>
<tr><td></td><td>￥</td><td>5</td><td>0</td><td>0</td><td>0</td><td>0</td></tr>
<tr><td>用途</td><td colspan="3">差旅费</td><td colspan="2">还款日期</td><td colspan="7">2013.12.25</td></tr>
<tr><td>单位负责人</td><td></td><td>部门主管</td><td></td><td>部门负责人</td><td>李强
2013.12.18</td><td>财务负责人</td><td colspan="6">王志宏
2013.12.18</td></tr>
</table>

现金付出凭证

2011 年 12 月 18 日　　第 3 号

<table>
<tr><td rowspan="2">付　给 预借差旅费 款
计人民币（大写）伍佰元整
领款人（签名） 史超</td><td>备　注</td></tr>
<tr><td>500.00</td></tr>
</table>

负责人　　会计 张娟　　出纳 赵利

（14）

出差费报销单

报销部门 销售部　　报销日期：2013 年 12 月 20 日

<table>
<tr><td colspan="2">姓 名</td><td>史 超</td><td>职 别</td><td>业务员</td><td>出差事由</td><td colspan="6">联系业务</td></tr>
<tr><td colspan="3">出差起止日期</td><td colspan="9">自 2013 年 12 月 19 日起至 2013 年 12 月 20 日止共 2 天附单据 10 张</td></tr>
<tr><td colspan="2">日 期</td><td rowspan="2">起讫地点</td><td rowspan="2">天数</td><td colspan="2">车 船 费</td><td rowspan="2">火车硬席补　贴</td><td rowspan="2">途中伙食补助费</td><td rowspan="2">宿费</td><td rowspan="2">住勤费</td><td colspan="2">杂　费</td></tr>
<tr><td>月</td><td>日</td><td>交通工具</td><td>金 额</td><td>用途</td><td>金额</td></tr>
<tr><td>12</td><td>19</td><td>西安-汉中</td><td>1</td><td>火车</td><td>80.0</td><td></td><td>10.0</td><td>100.0</td><td></td><td></td><td></td></tr>
<tr><td>12</td><td>20</td><td>汉中-西安</td><td>1</td><td>火车</td><td>80.0</td><td></td><td>10.0</td><td></td><td></td><td></td><td></td></tr>
<tr><td></td><td></td><td></td><td></td><td></td><td></td><td></td><td></td><td></td><td></td><td></td><td></td></tr>
<tr><td></td><td></td><td></td><td></td><td></td><td></td><td></td><td></td><td></td><td></td><td></td><td></td></tr>
<tr><td colspan="3">合计（大写）</td><td colspan="4">贰佰捌拾元整</td><td>总　计</td><td colspan="4">280.00</td></tr>
<tr><td colspan="12">审核意见：报销．王志宏　2013.12.20</td></tr>
</table>

负责人　　会计　　审核　　部门主管 李强　　出差人 史超

（15）

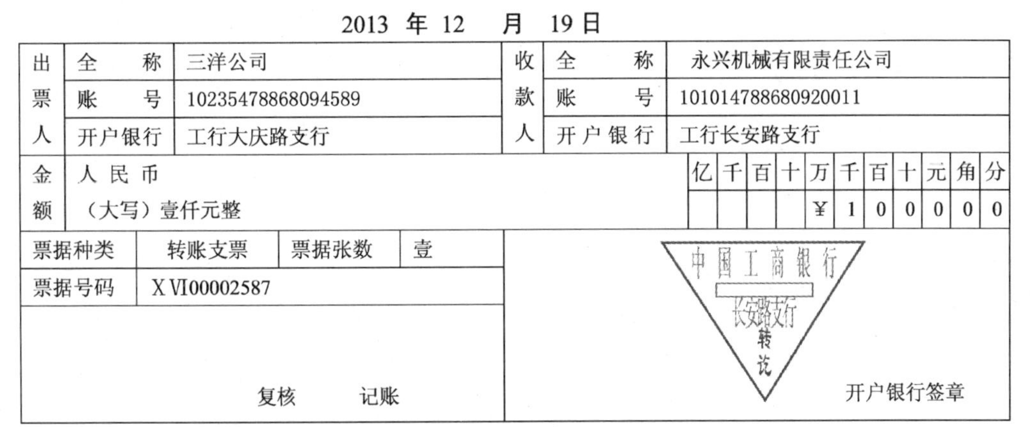

中国工商银行 进 账 单（收账通知）

2013 年 12 月 19 日

出票人	全　称	三洋公司	收款人	全　称	永兴机械有限责任公司
	账　号	10235478868094589		账　号	101014788680920011
	开户银行	工行大庆路支行		开户银行	工行长安路支行

金额	人民币（大写）壹仟元整	亿	千	百	十	万	千	百	十	元	角	分
						¥	1	0	0	0	0	0

票据种类	转账支票	票据张数	壹
票据号码	XⅥ00002587		

复核　　记账

中国工商银行 长安路支行 转讫

开户银行签章

（16）

实物出库凭证

用途：车间　　2013年12月20日　　第1号

品名	数量	单位	单价	金额									备考
				百	十	万	千	百	十	元	角	分	
刀具	5	件	100				¥	5	0	0	0	0	
合计	伍佰元整 ¥500.00												

负责人：　　会计：　　保管：王亮　　领物人：王涛

（17）

第二联：记账联

收款收据

2013年 12 月 21 日　　编号：1

交款人（单位）	李兴华							
摘　要	股份出资							
金额（大写）	伍万元整	万	千	百	十	元	角	分
		5	0	0	0	0	0	0

主管　　会计　　出纳 赵利　　制票 张娟

中国工商银行现金存款凭条

2013年12月21日

存款人	全称	永兴机械有限责任公司		
	账号	101014788680920011	款项来源	股款
	开户行	工行长安路支行	交款人	李兴华

金额（大写）	千	百	十	万	千	百	十	元	角	分
伍万元整			¥	5	0	0	0	0	0	0

票面	张数	十	万	千	百	十	元	票面	张数	千	百	十	元	角	分	备注
壹佰元	500							伍角								中国工商银行 长安路支行 转讫
伍拾元								贰角								
贰拾元								壹角								
拾元								伍分								
伍元								贰分								
贰元								壹分								
壹元								其他								

（18）

36121454783 **陕西增值税专用发票** **No 02383812**

发票联 开票日期：2013年12月22日

购货单位	名称：永兴机械有限责任公司 纳税人识别号：15002462647534X 地址、电话：西安市长安南路 029-88430586 开户行及账号：工行长安路支行 101014788680920011					密码区	（略）
货物或应税劳务名称	规格型号	单位	数量	单价	金额	税率	税额
车床	C630	台	1	50000	50000.00	17%	8500.00
合计					¥50000.00		¥8500.00
价税合计（大写）	伍万捌仟伍佰元整				（小写）¥58500.00		
销货单位	名称：秦川机床股份有限公司 纳税人识别号：610588146622316 地址、电话：宝鸡市金台区 029-521891245 开户行及账号：中行金台区支行 21371859091153					备注	秦川机床股份有限公司 发票专用章

收款人： 复核： 开票人：李东 开票单位：（章）

中国工商银行
转账支票存根
X VI00001253

附加信息

出票日期 2013 年 12 月 20 日

收款人：秦川机床股份有限公司
金　额：58500.00
用　途：购机床款

单位主管　　　　会计

（19）

关于计算机报废的申请报告

由于现用计算已过于陈旧，难以继续使用，特申请报废，请批准。

附：本计算机原值 5000 元
至 2013 年 12 月止累计已提折旧 4592 元

会计：张娟
2013. 12. 1

同意　王志宏　2013.12.3

同意报废　张华

2013.12.23

(20)

现金收入凭证 第一联 交会计

2013年12月24日 第1号

	备注
收到卖报废计算机款	
计人民币（大写）壹佰元整	100.00
交款人（签名）王志宏	

负责人 会计 赵利 出纳 张娟

(21)

报废计算机清理损益计算单

原值5000元 变价收入100元

已提折旧4592元

账面残值408元 清理损益=100－408=－308元

(22)

陕西信合 收回贷款凭证 ②

科目：1257 还款日期 2013 年 12 月 25 日 陕信№：**24600038**

借款人	户名	永兴机械有限责任公司		合同号	DC20060211001261	
	贷款账号	27010122013010000085673		借据号	20	
	结算账号	27010122012010000033047		贷款金额	60000.00	
发放日		2011-02-11	到期日	2014-02-11	正常利率‰	5.00
偿还本金		0.00	偿还利息	300.00	逾期利率‰	7.86
结欠本金		60000.00	结欠利息	0.00	结欠本息合计	60000.00
偿还本息合计（大写）**叁佰圆整**				陕西信合 ¥300.00 转讫		

事后监督： 信贷员： 复核： 经办： 任娜

（23）

西安市商业普通发票

610402104221　　发　票　联　　国税（02）工商二联

2013年12月26日　　№ 0352639

购货单位（人）	名称	永兴机械有限责任公司		地址电话	西安市长安南路 029-88430586						
品名规格	单位	数量		单价	金额						
					万	千	百	十	元	角	分
食品饮料					¥	7	9	0	0	0	0
合计（大写）	柒仟玖佰元整				¥	7	9	0	0	0	0
销货单位	名称	人人乐商业股份有限公司	纳税人识别号	15222531142							
	地址	西安市太白路125号	电话	826582231							

开票人：周志荣　　销货单位（章）人人乐商业股份有限公司 发票专用章

现金付出凭证

第二联：交会计

2013年12月26日　　第4号

	备注
付给 购职工福利品 款	
计人民币（大写）柒仟玖佰元整	
领款人（签名） 王志宏	7900.00

负责人　　会计 张娟　　出纳 赵利

（24）

陕西省行政事业性收费票据（结算票据）

2013年12月27日　　№ XA08125896

今收到 张娟 赵利 交来 会计人员继续教育培训费 款项

人民币（大写） 零拾零万零仟伍佰贰拾零元零角零分

此据

¥ 520.00

备注

收款单位（公章）中华会计函授学校西安市分校 财务专用章　　财务主管（章）　　收款人（章）陈静

现金付出凭证

第二联：交会计

2013 年 12 月 27 日　　第 5 号

	备　注
付　给 张娟、赵利会计人员继续教育 款	
计人民币（大写）伍佰贰拾元整	
领款人（签名）张娟	520.00

负责人　　会计 张娟　　出纳 赵利

（25）

中华人民共和国
社保基金缴款书

地

隶属关系　　（2006）陕地缴电 0160245

经济类型：其他有限责任公司　　填发日期 2013 年 12 月 28 日　　征收机关：高新区地税局

缴款单位			预算科目		
缴款单位	代　码	610102659671728	预算科目	编　码	10601
	全　称	永兴机械有限责任公司		名　称	社保基金
	开户银行	工行长安路支行		级　次	省级
	账　号	101014788680920011		收缴国库	西安市长安区支库
税款所属时期 2013 年 11 月 1 日至 2013 年 11 月 30 日			税款限交日期 2013 年 12 月 20 日		

品目名称	课税数量	计税金额或销售收入	税率或单位税额	已缴或扣除额	实缴金额
社会保险费		15667.00	30%		￥4700.00
金额合计（大写）人民币肆仟柒佰元整					￥4700.00
缴款单位（人）（盖章） 经办人（章）	税务机关（盖章） 填票人（章）	上列税款已收妥并划转收款单位账户 国库（银行）盖章 2013 年 12 月 18 日		备注：	

(26)

36121454057 **陕西增值税专用发票** No 02383812

发票联

开票日期：2013年12月30日

<table>
<tr><td rowspan="4">购货单位</td><td>名　　称：</td><td colspan="4">永兴机械有限责任公司</td><td rowspan="4">密码区</td><td colspan="3" rowspan="4">（略）</td></tr>
<tr><td>纳税人识别号：</td><td colspan="4">15002462647534X</td></tr>
<tr><td>地 址、电 话：</td><td colspan="4">西安市长安南路　029-88430586</td></tr>
<tr><td>开户行及账号：</td><td colspan="4">工行长安路支行　101014788680920011</td></tr>
<tr><td colspan="2">货物或应税劳务名称</td><td>规格型号</td><td>单位</td><td>数量</td><td>单价</td><td colspan="2">金额</td><td>税率</td><td>税额</td></tr>
<tr><td colspan="2">动力用电</td><td></td><td>度</td><td>5000</td><td>0.40</td><td colspan="2">2000.00</td><td>17%</td><td>340.00</td></tr>
<tr><td colspan="2">管理用电</td><td></td><td>度</td><td>600</td><td>0.50</td><td colspan="2">300.00</td><td>17%</td><td>51.00</td></tr>
<tr><td colspan="2">合　　计</td><td></td><td></td><td></td><td></td><td colspan="2">¥2300.00</td><td></td><td>¥391.00</td></tr>
<tr><td colspan="2">价税合计（大写）</td><td colspan="8">贰仟陆佰玖拾壹元整　　（小写）¥2691.00</td></tr>
<tr><td rowspan="4">销货单位</td><td>名　　称：</td><td colspan="4">西安市供电局</td><td rowspan="4">备注</td><td colspan="3" rowspan="4">（印章：西安市供电局 发票专用章）</td></tr>
<tr><td>纳税人识别号：</td><td colspan="4">610188146622589</td></tr>
<tr><td>地 址、电 话：</td><td colspan="4">西安市长安路 029- 83891245</td></tr>
<tr><td>开户行及账号：</td><td colspan="4">中行长安区支行　21371859091002</td></tr>
</table>

收款人：　　复核：　　开票人：吴志忠　　开票单位：（章）

中国工商银行

转账支票存根

XⅥ00001253

附加信息

出票日期　2013　年　12　月　30 日

收款人：西安市供电局
金　额：2691.00
用　途：电费

单位主管　　　会计

(27)

实物出库凭证

用途:C101　　2013年12月1日　　第1号

品名	数量	单位	单价	金额									备考
				百	十	万	千	百	十	元	角	分	
A材料	1000	kg											
B材料	1500	kg											
合计													

负责人:　　会计:　　保管:王亮　　领物人:郑江

实物出库凭证

用途:C102　　2013年12月8日　　第2号

品名	数量	单位	单价	金额									备考
				百	十	万	千	百	十	元	角	分	
A材料	1000	kg											
B材料	2000	kg											
合计													

负责人:　　会计:　　保管:王亮　　领物人:郑江

实物出库凭证

用途:C101　　2013年12月15日　　第3号

品名	数量	单位	单价	金额									备考
				百	十	万	千	百	十	元	角	分	
A材料	1000	kg											
合计													

负责人:　　会计:　　保管:王亮　　领物人:郑江

实物出库凭证

用途:C102　　2013年12月22日　　第4号

品名	数量	单位	单价	金额									备考
				百	十	万	千	百	十	元	角	分	
B材料	2000	kg											
合计													

负责人:　　会计:　　保管:王亮　　领物人:郑江

综合表5　材料耗用汇总表

2013年12月

材料 / 用途	A材料			B材料			金额合计
	数量	单价	金额	数量	单价	金额	
C101							
C102							
合计							

(28)

2013年12月办公室装修费摊销计算单

总金额：3000元

摊销期：24个月

月摊销额：3000/24=125元

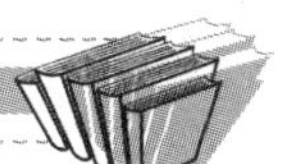

（29）

2013 年 12 月借款利息计算单

借款额：60000 元
年利率：6%
月利息：60000×6%/12=300 元

（30）

综合表 6　固定资产折旧计算表

2013 年 12 月　　　　单位：元

固定资产名称	原值	净残值	应提折旧总额	折旧年限	月折旧额	累计折旧额
机床	73 000	3 000	70 000	10		
生产用小计	73 000	—	—	—		
计算机	5 000	100	4 900	5		
打印机	1 000	50	950	5		
保险柜	1 000	50	950	5		
管理用小计	7 000	—	—	—		
合计	80 000	—	—	—		

（上月止累计折旧额为：机床 3 500　计算机 4 510　打印机 380　保险柜 380）

（31）

综合表 7　工资结算表

2013 年 12 月　　　　单位：元

姓　名	应发工资						应扣工资			实发工资	备注
	基本工资	加班工资	提成工资	午餐补贴	话费补贴	合计	社会保险费	住宿费	合计		
张　华	5 000			100	100	5 200	300		300	4 900	
王志宏	4 260			100	80	4 440	200		200	4 240	
李　强	1 200			110	50	1 360	150		150	1 210	
赵　利	1 000			110		1 110	100		100	1 010	
管理人员小计	11 460			420	230	12 110	750		750	11 360	
周　斌	500		1 500	100	50	2 150	120		120	2 030	
史　超	500		1 000	100	50	1 650	120		120	1 530	
销售人员小计	1 000		2 500	200	100	3 800	240		240	3 560	
郑　江	800			110		910	120	50	170	740	
吴　海	800			110		910	120	50	170	740	
林　锋	800			100		900	120	50	170	730	
张　建	700			100		800	100	50	150	650	
田　虎	700			100		800	100	50	150	650	
陈　林	700			100		800	100	50	150	650	
生产工人小计	4 500			620		5 120	660	300	960	4 160	
总计	16 960		2 500	1 240	330	21 030	1 650	300	1 950	19 080	

综合表 8　生产工人工工资分配表

产品	生产工时/工时	分配率/(元/工时)	分配工资额/元
C101	3 000		
C102	2 000		
合计	5 000		

(32)

综合表 9　福利费、教育经费、社会保险费计提表

2013 年 12 月　　单位：元

职工类别		工资总额	福利费(14%)	教育经费(2.5%)	社会保险费(25%)	计费合计
管理人员						
销售人员						
生产工人	C101					
	C102					
合计						

(33)

综合表 10　制造费用分配表

2013 年 12 月

产品	生产工时/工时	分配率/(元/工时)	应分配金额/元
C101			
C102			
合计			

(34)

实 物 入 库 凭 证

交物单位：生产车间　　2013年12月10日　　字第1号

品名	数量	单位	单价	金额									备考
				百	十	万	千	百	十	元	角	分	
C101	65	件											
C102	60	件											
合计													

负责人：　　会计：　　保管：王亮　　交物人：郑江

实物入库凭证

交物单位：生产车间　　2013年12月20日　　字第2号

品名	数量	单位	单价	金额									备考
				百	十	万	千	百	十	元	角	分	
C101	65	件											
C102	70	件											
合计													

负责人：　　会计：　　保管：王亮　　交物人：郑江

实物入库凭证

交物单位：生产车间　　2013年12月31日　　字第3号

品名	数量	单位	单价	金额									备考
				百	十	万	千	百	十	元	角	分	
C101	70	件											
C102	70	件											
合计													

负责人：　　会计：　　保管：王亮　　交物人：郑江

综合表 11　产品成本计算单

产品：C101　　2013 年 12 月　　金额单位：元

项目	直接材料	直接人工	制造费用	合计
生产总成本				
完工产量(件)				
单位成本				

综合表 12　产品成本计算单

产品：C102　　2013 年 12 月　　金额单位：元

项目	直接材料	直接人工	制造费用	合计
生产总成本				
完工产量(件)				
单位成本				

综合表 13　入库产品汇总表

2013 年 12 月

产品	入库数量/件	单价/元	金额/元
C101			
C102			
合计	—	—	

（35）

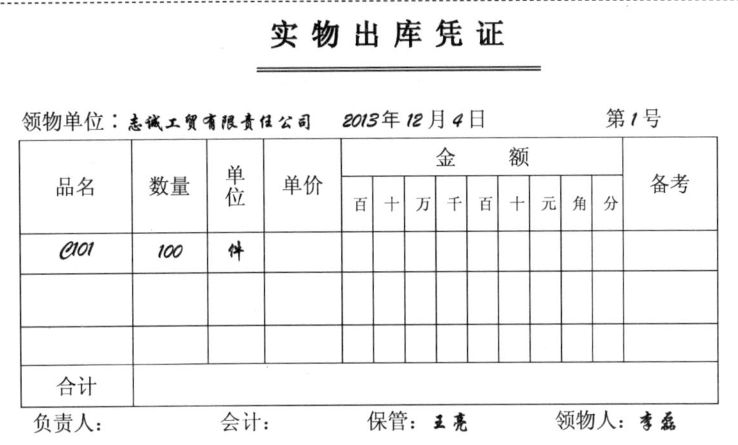

实 物 出 库 凭 证

领物单位：志诚工贸有限责任公司　2013年 12 月 4 日　第 1 号

品名	数量	单位	单价	金额									备考
				百	十	万	千	百	十	元	角	分	
C101	100	件											
合计													

负责人：　会计：　保管：王亮　领物人：李磊

实 物 出 库 凭 证

领物单位：兴隆实业有限责任公司　2013 年 12 月 10 日　第 2 号

品名	数量	单位	单价	金额									备考
				百	十	万	千	百	十	元	角	分	
C101	100	件											
C102	200	件											
合计													

负责人：　会计：　保管：王亮　领物人：冯青

综合表 14　产品销售成本计算表

2013 年 12 月　　金额单位：元

品名	单位	销售量	单位成本	销售成本
C101	件			
C102	件			
合计	—	—	—	

（36）　　**综合表 15　增值税纳税申报表**　　单位：元

项目		栏次	一般货物及劳务	
			本月数	本年累计
销售额	（一）按适用税率征税货物及劳务销售额	1		
	其中：应税货物销售额	2		
	应税劳务销售额	3		
	纳税检查调整的销售额	4		
	（二）按简易征收办法征税货物销售额	5		
	其中：纳税检查调整的销售额	6		
	（三）免、抵、退办法出口货物销售额	7		
	（四）免税货物及劳务销售额	8		
	其中：免税货物销售额	9		
	免税劳务销售额	10		
税款计算	销项税额	11		
	进项税额	12		
	上期留抵税额	13		—
	进项税额转出	14		
	免抵退货物应退税额	15		
	按适用税率计算的纳税检查应补缴税额	16		
	应抵扣税额合计	17 = 12 + 13 − 14 − 15 + 16		—
	实际抵扣税额	18（如 17 < 11，则为 17，否则为 11）		
	应纳税额	19 = 11 − 18		
	期末留抵税额	20 = 17 − 18		—
	简易征收办法计算的应纳税额	21		
	按简易征收办法计算的纳税检查应补缴税额	22		
	应纳税额减征额	23		
	应纳税额合计	24 = 19 + 21 − 23		
税款缴纳	期初未缴税额（多缴为负数）	25		
	实收出口开具专用缴款书退税额	26		
	本期已缴税额	27 = 28 + 29 + 30 + 31		
	① 分次预缴税额	28		—
	② 出口开具专用缴款书预缴税额	29		—
	③ 本期缴纳上期应纳税额	30		
	④ 本期缴纳欠缴税额	31		
	期末未缴税额（多缴为负数）	32 = 24 + 25 + 26 − 27		
	其中：欠缴税额（≥0）	33 = 25 + 26 − 27		—
	本期应补（退）税额	34 = 24 − 28 − 29		—
	即征即退实际退税额	35	—	—
	期初未缴查补税额	36		
	本期入库查补税额	37		
	期末未缴查补税额	38 = 16 + 22 + 36 − 37		

（37）申报城建税和教育费附加

地方税（费）综合纳税申报表

税务登记证件号码：□□□□□□□□□□□□□□□□□□□□ 管理代码：□□□□□□□□□

纳税人名称：　　　税款所属时期：　年　月　日至　年　月　日　金额单位：元（列至角分）

税种	税目	征收范围	税款所属时期	计税总额或总数量	减免项目金额或数量	计税依据	税率（%）或单位税额	应纳税额	减免税额扣抵税额	已纳税额	应补（退）税额
合计											

纳税人或代理人声明：	如纳税人填报，由纳税人填写以下各栏：					受理机关（签章）
此纳税申报表是根据国家税收法律的规定填报的，我确定它是真实的、可靠的、完整的。	办税人员（签章）张娟	财务负责人（签章）王志宏印	法定代表人（签章）张华印	联系电话	87682510	
	如委托代理人填报，由代理人填写以下各栏：					
	代理人名称	经办人（签章）	联系电话		代理人（公章）	受理日期：2013年1月5日

（38）年末存货盘库（单价按本月加权平均单价）。

综合表16　存货盘存表

2013年12月20日

品名	单位	账存数	实存数	盘盈			盘亏		
				数量	单价	金额	数量	单价	金额
A材料	kg	500	505	5					
B材料	kg	500	490				10		
C101	件	20	20						
C102	件	20	19				1		
合计	—	—	—	—	—		—	—	

（39）

关于年终存货清查结果的处理意见

B材料、C102产品盘亏属正常损耗，A材料盘盈属计量不准所致。

特此批复。

王志宏

张　华

2013.12.31

（40）

综合表 17　损益类账户发生净额

2013 年 12 月

账户名称	借或贷	发生净额	账户名称	借或贷	发生净额
主营业务收入	贷方		主营业务成本	借方	
其他业务收入	贷方		其他业务成本	借方	
投资收益	贷方		营业税金及附加	借方	
营业外收入	贷方		销售费用	借方	
			管理费用	借方	
			财务费用	借方	
			营业外支出	借方	
合计			合计		

（41）计算申报本月预交企业所得税，并结转（申报表见下页，税率为 25%）。

1—11 月累计利润总额 6 935 元，1—11 月累计已预交企业所得税 225 元。

（42）将本年净利润结转至利润分配账户。

（43）进行利润分配。

永兴机械有限责任公司
2013 年度利润分配方案

经股东会议表决通过，根据公司法的规定，本年弥补亏损后的净利润按 10%提取法定盈余公积，按 60%向股东分配股利。

全年净利润:　　　元
弥补亏损:　　　元
可供分配利润:　　　元
应提取法定盈余公积:　　　元
应向股东分配股利:　　　元

董事长：张华

2013.12.31

中华人民共和国
企业所得税月(季)度预缴纳税申报表(A类)

税款所属期间：　　年　　月　　日至　　年　　月　　日

纳税人识别号：□□□□□□□□□□□□□□□□□□

纳税人名称：　　　　　　　　　　　　　　　　金额单位：人民币元(列至角分)

<table>
<tr><th>行次</th><th colspan="2">项　　目</th><th>本期金额</th><th>累计金额</th></tr>
<tr><td>1</td><td colspan="4">一、据实预缴</td></tr>
<tr><td>2</td><td colspan="2">营业收入</td><td></td><td></td></tr>
<tr><td>3</td><td colspan="2">营业成本</td><td></td><td></td></tr>
<tr><td>4</td><td colspan="2">实际利润额</td><td></td><td></td></tr>
<tr><td>5</td><td colspan="2">税率(25%)</td><td></td><td></td></tr>
<tr><td>6</td><td colspan="2">应纳所得税额（4行×5行）</td><td></td><td></td></tr>
<tr><td>7</td><td colspan="2">减免所得税额</td><td></td><td></td></tr>
<tr><td>8</td><td colspan="2">实际已缴所得税额</td><td>—</td><td></td></tr>
<tr><td>9</td><td colspan="2">应补（退）的所得税额（6行-7行-8行）</td><td>—</td><td></td></tr>
<tr><td>10</td><td colspan="4">二、按照上一纳税年度应纳税所得额的平均额预缴</td></tr>
<tr><td>11</td><td colspan="2">上一纳税年度应纳税所得额</td><td>—</td><td></td></tr>
<tr><td>12</td><td colspan="2">本月（季）应纳税所得额（11行÷12或11行÷4）</td><td></td><td></td></tr>
<tr><td>13</td><td colspan="2">税率(25%)</td><td>—</td><td>—</td></tr>
<tr><td>14</td><td colspan="2">本月（季）应纳所得税额（12行×13行）</td><td></td><td></td></tr>
<tr><td>15</td><td colspan="4">三、按照税务机关确定的其他方法预缴</td></tr>
<tr><td>16</td><td colspan="2">本月（季）确定预缴的所得税额</td><td></td><td></td></tr>
<tr><td>17</td><td colspan="4">总分机构纳税人</td></tr>
<tr><td>18</td><td rowspan="3">总机构</td><td>总机构应分摊的所得税额（9行或14行或16行×25%）</td><td></td><td></td></tr>
<tr><td>19</td><td>中央财政集中分配的所得税额（9行或14行或16行×25%）</td><td></td><td></td></tr>
<tr><td>20</td><td>分支机构分摊的所得税额(9行或14行或16行×50%)</td><td></td><td></td></tr>
<tr><td>21</td><td rowspan="2">分支机构</td><td>分配比例</td><td></td><td></td></tr>
<tr><td>22</td><td>分配的所得税额（20行×21行）</td><td></td><td></td></tr>
</table>

谨声明：此纳税申报表是根据《中华人民共和国企业所得税法》、《中华人民共和国企业所得税法实施条例》和国家有关税收规定填报的，是真实的、可靠的、完整的。

法定代表人（签字）：　　　　　　年　月　日

<table>
<tr><td>纳税人公章：

会计主管：

填表日期：</td><td>代理申报中介机构公章：
经办人：
经办人执业证件号码：
代理申报日期：　　年　月　日</td><td>主管税务机关受理专用章：

受理人：

受理日期：</td></tr>
</table>

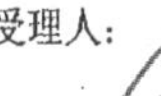

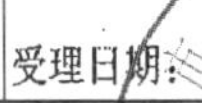

综合表 18　总账科目余额表

年　月　　　　　　　　　　　　　单位：元

科　　目	借方余额	贷方余额
合　　计		

综合表 19　资产负债表

会小企 01 表

编制单位：　　　　年　月　日　　　　单位：元

资　产	期末余额	年初余额	负债和所有者权益（或股东权益）	期末余额	年初余额
流动资产：			流动负债：		
货币资金			短期借款		
短期投资			应付票据		
应收票据			应付账款		
应收账款			预收账款		
预付账款			应付职工薪酬		
应收股利			应交税费		
应收利息			应付利息		
其他应收款			应付利润		
存货			其他应付款		
其中：原材料			其他流动负债		
在产品			流动负债合计		
库存商品					
周转材料			非流动负债：		
其他流动资产			长期借款		
流动资产合计			长期应付款		
非流动资产：			递延收益		
长期债券投资			其他非流动负债		
长期股权投资			非流动负债合计		
固定资产原价			负债合计		
减：累计折旧					
固定资产账面价值					
在建工程					
工程物资					
固定资产清理					
生产性生物资产			所有者权益（或股东权益）：		
无形资产			实收资本（或股本）		
开发支出			资本公积		
长期待摊费用			盈余公积		
其他非流动资产			未分配利润		
非流动资产合计			所有者权益（或股东权益）合计		
资产总计			负债和所有者权益（或股东权益）总计		

综合表 20　利润表

会小企 02 表

编制单位：　　　　　　　　　年　月　　　　　　　　单位：元

项　目	本年累计金额	本月金额
一、营业收入		
减：营业成本		
营业税金及附加		
其中：消费税		
营业税		
城市维护建设税		
资源税		
土地增值税		
城镇土地使用税、房产税、车船税、印花税		
教育费附加、矿产资源补偿费、排污费		
销售费用		
其中：商品维修费		
广告费和业务宣传费		
管理费用		
其中：开办费		
业务招待费		
研究费用		
财务费用		
其中：利息费用(收入以“-”号填列)		
加：投资收益(损失以“-”号填列)		
二、营业利润(亏损以“-”号填列)		
加：营业外收入		
其中：政府补助		
减：营业外支出		
其中：坏账损失		
无法收回的长期债券投资损失		
无法收回的长期股权投资损失		
自然灾害等不可抗力因素造成的损失		
税收滞纳金		
三、利润总额(亏损总额以“-”号填列)		
减：所得税费用		
四、净利润(净亏损以“-”号填列)		

综合表 21　现金流量表

会小企 03 表

编制单位：　　　　　　　　　　　　　　年　月　　　　　　　　　　　　　单位：元

项　　目	本年累计金额	本月金额
一、经营活动产生的现金流量		
销售产成品、商品，提供劳务收到的现金		
收到其他与经营活动有关的现金		
购买材料、商品，接受劳务支付的现金		
支付的职工薪酬		
支付的税费		
支付的其他与经营活动有关的现金		
经营活动产生的现金流量净额		
二、投资活动产生的现金流量		
收回短期投资、长期债券投资和长期股权投资收到的现金		
取得投资收益收到的现金		
处置固定资产、无形资产和其他非流动资产收回的现金净额		
短期投资、长期债券投资和长期股权投资支付的现金		
购建固定资产、无形资产和其他非流动资产支付的现金		
投资活动产生的现金流量净额		
三、筹资活动产生的现金流量		
取得借款收到的现金		
吸收投资者投资收到的现金		
偿还借款本金支付的现金		
偿还借款利息支付的现金		
分配利润支付的现金		
筹资活动产生的现金流量净额		
四、现金净增加额		
加：期初现金余额		
五、期末现金余额		

参考文献

[1]中华人民共和国财政部．小企业会计准则[M]．上海：立信会计出版社，2012.
[2]财政部会计资格评价中心．初级会计实务[M]．北京：中国财政经济出版社，2011.
[3]张卿．小企业会计实务[M]．北京：机械工业出版社，2012.